誰說行銷
一定要推銷

李春英 著

推薦序

作者序

第一章　成為 TOP SALES 前，我所培養的能力

第二章　轉換人生跑道，從 TOP SALES 成為保險經紀人

腳可以斷，服務不能間斷

朱立倫

　　閱讀不僅可以增長見聞、開拓心胸、打開視野，更是快樂泉源，我在擔任新北市市長期間，新北市是全台推動閱讀最認真的城市，而我自己在繁忙的公務之中，仍然會抽空翻閱書籍，享受專注於文字的樂趣。

　　多年前，在我參選立委以及桃園縣縣長時，我的小阿姨李春英就非常熱心，整天幫忙張羅一些大小事，每天臉蛋上總堆著那滿滿的笑容在傳遞她對每一個人真誠的關懷，在互動的過程中，發現她的人緣極佳，

真的是無人能敵！

如今她出版這本書，不僅有啟發人心的經營理念，還有令人感動的生命故事，透過文字上的表達，讓更多人學會如何可以創造自我價值。

一個人的價值，在於自己明確的定位，一個人的成就，是由自己決定，我在擔任教職期間，不管有沒有課，每天準時九點前進研究室工作，擔任公職時，依然每天七點就到辦公室上班，因為我將自己的工作視為人生的責任與使命。如同這本書所述，小阿姨李春英的「腳可以斷，服務不能斷」精神，以認真、積極的心態面對客戶，展現出高度的服務熱誠。

我相信透過這本書不只能讓從事業務工作的你把推銷的工作變成行銷大師，更能幫助你建立正確的觀念、開啟你的生命之鑰。

在此，期待各位讀者能藉由閱讀走向幸福的大道、活出精采的人生！

面對選擇始終如一

張志成

富易達保險經紀人 總經理

　　從小就喜歡閱讀名人傳記，因為我相信成功人士必定做對了一些事，才有今日偉大的成就，只要複製成功的信念和行動，相信自己的成就也會不凡。

　　春英副總在書中描述的「面對危機，堅守崗位」、「毫無預警的意外，不動搖的堅持」比我當時做好十足的準備才離開單一保險公司，實在更突顯她「

　　面對自己的選擇，始終如一」的負責態度，以她「個人的品牌不能倒」的精神，服務貼近人心，以服務取代行銷，對客戶做好服務一輩子的承諾。

如今轉戰保險經紀人公司才短短時間，更是受到客戶的支持與肯定，老鷹不需要鼓掌，也在飛翔；路邊的小草沒人理會也會默默成長；深山中的野花沒人欣賞也會吐露芬芳。

春英副總持續在富易達保經公司為她自己的保險生涯寫下不朽經典。

此次拜讀春英副總的著作「誰說行銷一定得推銷」，發覺她的成功不是沒有原因的，她將保險的服務熱忱，注入血液、融入生活，將她 20 多年的實戰經驗，無私分享出來，我相信對於想要從事服務業的人，必定可以受益良多，讓技術化為信念，終可成為行銷大師！

從推銷到行銷——保險，最貼近人的事業

　　我曾經從事過許多種行業，但自從踏入保險業後，就再也沒有離開過這個產業，因為我堅信：當一個人找到值得自己投入的工作後，就應該堅持把它做到最好並持續下去。對我來說，壽險就是那一份值得自己全力投入的工作，可以讓自己與身邊的人強烈感受到關於「人」的愛與熱情的工作。

　　我曾問過我自己：有哪樣工作可以在服務客戶時，能時常參與他們的生活？身為保險人員，我不只可以適時出現在客戶面前，還能在重要時刻給予他們

非常大的幫助。這點讓我堅信，保險是非常貼近「人」的工作，所以我一直堅守在這個崗位上。

由於早期社會大眾對於保險較為陌生，因此我剛開始投入保險產業的時候也曾在這條路上遭遇過許多挑戰，然而隨著保險觀念的普及與社會大眾逐漸認知到保障的重要性，許多人因此願意傾聽我的專業建議。所以，當我可以運用自身的保險知識協助周遭的人時，這點讓我感到十分喜悅。即便不是我的客戶，但只要擁有正確的保險觀念，便能夠為自己、為家人的未來多加著想，進而在疾病或是意外來臨前做好一份準備，在給予保障的同時也增進了彼此之間的幸福。

抱持著這樣的心態的我反而接觸的客戶人數越來越多，其中也有不少人感到好奇，問我：「春英，為什麼只要你一出馬，大家都願意傾聽呢？」這不禁讓我思索，自己在從事保險業的幾十年下來，其中有哪些經驗值得向他人分享？同時，我也開始思考該如何

將「保險」觀念更落實於社會的每個角落。因為我希望，人人都可以擁有保險這支保護傘，但是不需要動用到這份保障。

這句話看起來也許有些前後矛盾，不過，保險的用意就是當事故發生時，或是在人突然產生急難之需時能夠作為當時最需要的助力，讓人可以沒有後顧之憂地跨越眼前的難關。雖然保險並不是萬能，但是，保險可以幫人解決大部分，特別是錢的問題。

我寫這本書的起心動念，就是希望能夠透過自身在保險業界的經驗，讓更多讀者了解這項愛的產業對於個人與社會的意義與功用。成為一位卓越業務員所需要的條件並非只有個人業績，而是要能夠時時站在客戶的角度，設身處地的為每一位客戶著想，並為他們做足人生不同階段的保險規劃。如果客戶能夠有保險的正確觀念，願意保持與業務員良好的互動，便能創造雙贏的局面。

保險是與人息息相關的產業，它涵蓋了人的生老

病死，悲歡離合。在這裡，你看到的不只是與保險相關的知識與心得，而是種種的人生百態。

第一章

成為 TOP SALES 前，
我所培養的能力

1

仰賴前人的智慧──主動提問

　　由於家庭環境的因素，我在半工半讀下完成了學業，即便是面對重複不斷，內容單純的工作，在職場上，我依然戰戰兢兢、全力以赴，因為我知道，當你認真去做好一件事，才能獲得相應的評價與報酬。同時，唯有盡守本分，做好責任範圍內的每一項大小事，才能夠贏得他人的信賴，讓你日後越做越順遂。這一點，不只在保險界，在任何地方都一樣。

　　在因緣際會下，我在進入了保險公司，之後也非常努力學習，認真的面對每一件職場上發生的大小

事。由於我本身並非保險相關科系畢業，因此在擔任業務員初期實力較其他同仁有所不足，也時常在法條與商品項目上產生疑惑。為了避免自己向客戶介紹商品時有所疏失，或是造成客戶的誤解，我總是要求自己不恥下問。**只要碰上不懂的問題就發問，有疑慮就要提問，因為我知道我的問題就是客戶的問題，而客戶的問題也就是業務員之所以存在的意義與價值。**

我心想：我的身分既是保險業務員，也是客戶，**因此我覺得應當把自己視為客戶為前提，站在客戶的角度發想很多問題，再回到業務員的角度，去看待這些問題，並且加以解決，才能讓自己從不懂到瞭解，**進而去跟其他的客戶談保險。當然，我並不是一位只會紙上談兵的人，也了解直接從服務客戶的過程中學習往往比翻閱書籍更有效率。在了解保險的基本概念及公司產品的基礎資訊後，我便抱持著初生之犢不畏虎的志氣，展開了人生中第一次客戶拜訪。

面對自己的發憤圖強，我曾認為自己在一陣學習

後便已具備服務客戶的能力，而我也在就職的第一個月從客戶身上獲得了不少肯定。只是，問題往往直到親身經歷時，才會浮現出來。在我與客戶溝通、分享保險的過程中，遭遇過許多難題，碰到的狀況可說是層出不窮，而且其中有些問題並不是靠自己鑽研就能解答。每一個問題都能依據個人的個性及家庭背景，而有不同的思索之處，而這些絕對不是找主管聊聊，上過幾堂訓練課程就能輕鬆找到答案。

有些客戶會對商品抱持著懷疑的態度，覺得保險真的有這麼好嗎？但多數客戶會選擇相信業務員，同時也會從商品中挑出每一項質疑的細節，並加以詢問；更有些客戶除了詢問與自己有關的投保內容，還會涉及家人與親戚，甚至問出超越業務員職責能力以上的專業問題，那些都是當時程度還很粗淺的我所無法對應的難題。

關於商品的問題都還好解決，畢竟只要我打一通電話，詢問公司或資深的業務主管，就可以獲得正確

的答案，不過關於客戶的部份呢？

別帶著疑問面對你的工作

剛起步時我資歷尚淺，專業不足，難以滿足客戶提出的需求，因此常有不知為何卻失敗的經歷，或是在拜訪的過程中，客戶提出的問題問的我啞口無言，無法回應；或是明明客戶對於商品表現出興趣，卻在最後一刻收手。這種狀況，我下意識地反應，就是打電話給我的主管。由於我是個打破砂鍋問到底的人，所以我一天可以打上二十幾通的電話給我當時的主管，只為了解決客戶所提出的疑問。

一個人剛進入一項產業，一定會遇到許多挫折。即便學歷再高，能力再強，剛到新環境時，也會有很多不足，不可能一進來就得心應手、如魚得水，要不然，就不會由基層業務員的職位擔任起，而是直接晉身業務主管了。所以，遇到問題就提問，不懂就找答

案，這是我的習慣，也能藉此累積自己日後快速處裡反對問題的專業能力。

有些人可能會覺得不停「問」好像很丟臉，其實我很想反問，為什麼感到不好意思呢？難道「問」了之後，會曝露自己的不足，覺得自己低人一等嗎？反過來思考，如果一開始就什麼都知道，那便不會是新人了。正是因為我知道「問」了之後，所有的疑問就可以迎刃而解，不只得到滿足，所以只要有問題，那就問吧！

我也常常跟新進的同仁分享：「遇到問題就直接發問，不要怕不好意思，只要我能解答，都會毫無保留。」做業務最怕把問題當沒問題，甚至不知道問題出在哪裡。只要將問題大膽提出來，解決之後心中踏實，面對客戶就沒有問題。如果業務員，什麼問題都不敢提出來，這樣的心態就有問題，因為他會帶著很多疑問勉強自己去拜訪客戶，自然無法從中突破。

身為一位業務員，在拜訪的過程中時常會碰到來

自各行各業的客戶，面對的問題也會是五花八門，若不解決眼前的問題，以後還是會碰到類似的問題；現在不找出答案，以後還是得找出答案。

當問題累積越來越多，壓力自然也會越來越大，到最後就會開始懷疑自己到底做得下去嗎？會覺得自己適不適合從事保險？很多業務人員就是因為累積了一堆問題卻沒有得到充分的解決，所以才會黯然離去，造成保險業的流動率那麼高。如果每一個眼前的問題都面對不畏懼，一旦產生了自信心，還會怕做不下去嗎？離開保險業的原因很多，但因為心中有太多「不知道」導致自己無法獲得客戶信任，是一項很主要的原因。

問題的出發點──「將心比心」

在我從事保險業的二十六年歲月當中，客戶的問題不外乎圍繞在幾項重大環節上，發問的形式可能會

因為個人生長環境或性格偏好而有所不同，但核心點都一樣。經驗豐富的業務一眼就可以看出問題的核心關鍵，新人如果碰到了問題，可以靠求助主管來獲得解答。如果真的開不了口，心中可以這樣想：**我不是只為了自己才想要釐清這個問題的真相，而是為了客戶。如果自己無法突破這層的心魔，那到時不只自己會受到影響，客戶也會遭殃。**

「提問」就像是個開端，唯有開口，才能在短時間內得到知識與智慧，如果所有答案都得靠自己逐步摸索，那麼成長的速度就太慢了。同時，業務員也能從中增長見聞，提升自我，進而在保險的事業道路上大步向前，名聲跟財富也會在途中自然增加。

讓我們站在客戶的立場想一想，當客戶看到眼前的業務員願意為自己提出的問題徹夜未眠、翻閱相關資料、聯繫上司或是總公司時，客戶的心裡會有什麼樣的感受？即使回覆的答案不如客戶期待中完善，客戶也會覺得這一位業務員有和自己站在同一陣線爭取

相關權益，有著將心比心的感受，因此能更加信任。

對於大多數的人來說，保險是日常生活外的另一個世界，它是一門專業領域，不是每位客戶都清楚保險的架構，所以才有賴於專業保險人員來為他們說明講解。雖然有些客戶對於保險有些誤解，誤以為自己的立場永遠與保險公司呈現對立面，這是因為他們對於保險缺乏充足的了解。當客戶抱有疑問時，但身為業務人員的你就必須協助他們進行了解。

我很喜歡提出問題的保戶，這就像在菜市場上，客人主動問你一斤蘋果多少錢？一斤芭樂多少錢？客戶會發問就代表他對這項產品有興趣，而沒有意願的客戶基本上連上門的興趣都沒有。

如果在簽保單的過程中，客戶所遭遇的保險問題獲得了解決，那麼，客戶對於能夠解決他們問題的保險業務員就會產生非常高的信賴度。不管是剛進入保險的業務人員，還是得到相關證照的業務人員，甚至是經營了十年、二十年的資深業務，都是保險公司與

客戶之間的橋樑。

因此，「如何提問」實在至關重要！

「人」的問題

如果知道「提問」對於自己與客戶的重要性，那麼「提問」就成了業務員融入這項產業的重要關鍵。男女之間可能會因為了解彼此而選擇分開，而保險則會因為個人對它的了解而形成緊密的連結。我很鼓勵大家發問，因為解決問題才能夠成長。

關於業務員的問題，我簡單分為兩大項，一項為關於保險本身的專業知識，另外一項則是關於所謂的「人」。我常遇到同仁向我詢問：「春英，客戶在談保單的時候都頻頻點頭，讚美這張保單每一個項目內容都很棒，也約好了簽單的時間，結果時間到了卻憑空消失，反悔不想簽了，這到底是怎麼回事？」

一般公司在教育員工方面，除了公司的內部規範

與保單商品內容外，其實還涵蓋了許多課題，像是：業務人員該如何促成保單成交？能如何認識客戶？其中，所謂認識客戶不僅是得知客戶的姓名、年紀、住址、學歷、職業……等基本資訊，還須認知到每個人的成長背景、性格不同，面對事物所產生的反應也不同，加上談保單時當下的氛圍，都會影響到客戶的成交意願。對於這種問題，業務員可以透過向前輩們發問以了解客戶最近的動態與傾向。

試想一下，如果客戶才剛經歷與女朋友分手，心情低落，但又因為和你約好時間談保單，那麼你究竟是要先處理保單？還是先安撫他的心情？

每個人一生當中都會接觸到形形色色的人，並不是所有人一開始都會被設定成為「客戶」的角色，所以他們在你面前都會表現得輕鬆自然。然而，一旦你成為保險業務員後，如果在他們面前談到保險，有些人就會感到不自在，應對之間也就拘謹起來。他們可能會擔心自己會不會被當成商品推銷的對象？被當成

賺取傭金的目標？最後甚至連跟你出去吃飯也要考慮再三。

「朋友」和「客戶」是兩種截然不同的角色，除非你有本事讓客戶願意成為你的朋友，讓朋友不介意成為你的潛在客戶，否則很多業務員很容易在這項環節上出現卡關。我建議新進業務員在開發客戶的同時，可以多向經驗豐富的前輩們請教他們之前累積下來的心路歷程。透過他們過往的經驗，會讓你少走冤枉路，從中思索自己該如何經營客戶。

「提問」是我在剛接觸保險時，最基本的態度。我始終相信，透過「提問」所得到的解答，都能成為自己成長的養份，到了現在，我有幸成為新進人員發問的對象。在保險業待了這麼久，我也累積了許多心得可以分享給他人，所以我也抱持著一份熱誠教導新人，也歡迎對於保險產業感到好奇的客戶向我提問。

若想要有效率地了解一項事物，最好的方式就是提問。不過，建議想要發問的人在行動之前可以先

做功課，先找到問題的關鍵再向人提問，才能事半功倍。如果只是盲目發問，就算所有問題都得到了回應，也可能只能獲得一知半解的結果，無法有效地解決問題。「提問」與「學習」是一體兩面，提問就是為了學習。最後，希望所有人都能夠在保險的這條路上，互相發問、互相學習，創造一個良好的保險生態環境。

設定行程，做好時間管理

　　無論是做任何事情，都要抱持著「熱忱」！有了熱忱，才會對每一項環節興致勃勃；有了熱忱，才會堅持走下去；有了熱忱，才能在遭受困難時仍不以為意地繼續前進。我認為自己對於保險充滿了熱忱，才能一路走了二十多年。

　　或許是出自於熱心助人的個性，我特別喜歡幫助他人，如果有人會因為我的付出而露出笑容，我就會感到十分開心。我也對朋友開玩笑說：「如果當初沒有將熱忱放在保險的話，我說不定就會去選里長

呢！」

　　滿懷熱忱的業務員對於客戶而言是件好事，但對於業務員本身就並不全然是優點了。當我全心全意地投入，將所有的時間和精力都放在客戶身上，若他們提出問題，我便會想辦法解決；若他們打電話過來，我便會立即回覆。在剛開始的時候，我曾認為這樣對於客戶和自己都最好，認為這麼做，才能讓客戶感受到我的熱情與用心。

　　不過，我在這段過程中漸漸地發現自己的時間被過度壓縮、體力也在忙碌之中不堪負荷，甚至連吃頓飯都沒辦法好好咀嚼、開車時也容易陷入急躁之中，更不乏分身乏術的狀況。畢竟，李春英只有一位，但客戶卻多達上千位。在經歷數次的緊急狀況後，我開始回頭思考：如果我沒有把時間和體力分配好，導致自己出意外或是累倒的話，那我該如何面對之後急需幫忙的客戶呢？雖然，每一位客戶對我而言都很重要，但如果我沒有思慮周全，從全方位來思考、來規

劃的話，對我、對保戶都不是好事。同時，我也發現自己的認真、投入並沒有收到相對預期的效果，這也使我思考究竟是哪裡出了問題？

在我剛進入保險業的那一年，公司剛好推出了一項業界前所未見的新商品，引起廣大的迴響，連不是原公司的客戶也對這項商品感到興趣，商品的詢問度非常高，成交量也很可觀。對於當時的我來說，理所當然地覺得這是一項能證明自我的好機會。

由於商品稀有度高，在市場缺乏競爭者的情況下得以大賣，因此我每天都會把該項商品的廣告與簽約表單帶在身上，只要得知哪裡有客戶對它有興趣，就會直接前往客戶的所在地。就算路遠，或是身體疲累，也是咬著牙，抬起步伐，想辦法先到客戶家裡，無論他是否會立即簽約，我都打算先向客戶介紹這項商品。

在商品優勢與個人衝勁的雙重加持下，那陣子我創造了不少業績，也被公司看好倚重，但表面意氣風

發的背後，卻是生活作息的飄忽不定與內心壓力的與日俱增。如果我在晚上十點應客戶邀約拜訪他家，當我簽完保單回到家時可能早已三更半夜，扣除整理資料與盥洗所需的時間，可能只剩下三、四小時能用於休息睡眠，因為第二天早上還得參加晨會；或是午休時段時剛好客戶打來，原本的午餐時間就因此臨時改為和客戶約談，等到事情告一段落後，原本的午餐早已成了晚餐，甚至是宵夜。

面對極度操勞的生活，我曾認為自己還年輕，身體也還算健康，只要咬緊牙關，撐個幾年，等到客戶群建立起來後，再進行調整也不遲。但是，當我維持這種亂槍打鳥的日子一陣子後，各種問題和後遺症就逐漸浮上水面。

最好的五分鐘

隨著業務量越來越大與服務的客戶人數增加，

我發現我服務的品質沒辦法維持預期的水準，糟糕的是，我有時竟難以記住所有的拜訪行程與客戶的需求。雖然我有在行事曆上記錄的習慣，但如果不是馬上記下來，而是過兩個鐘頭再來整理行程的話，便容易產生問題。

有一次，我正準備在行事曆上記下今天口頭跟兩組客戶所約的時間時，才發現我竟然將這兩組客戶的時段都擺在一起！這對我而言是一件不容原諒的失誤。但是，既然誤把兩組客戶的時間排在一起，便不得不修改，於是我只好硬著頭皮，打電話給其中一組客戶請他另改時間，才把這兩組客戶的拜訪時間錯開。這次的事件讓我停下來深思，長期以來，我一直覺得自己的記憶力不錯，也很能掌握時間，但沒想到還是出了這種烏龍。

而且，這樣的情況不只在短時間內出現過一次。曾經有一位客戶要出差，他在上飛機的前一天還曾打電話給我詢問事情，而我允諾當天會打電話給他，結

果到了第二天，客戶已經上飛機後，我才想到自己竟然忘了回覆他。我明明答應客戶會給他即時回覆，卻因為沒有掌握好時間，導致自己失去向他聯絡的最好機會。在當時，網路並不如現代發達，若想要聯繫國外的客戶，就只能透過高價的國際電話。由於客戶的需求不能等，因此當我想起來之後只能以當時最快速，最直接的國際電話連絡上他。

這幾件事讓我有了警惕，縱使我想把自己所有的時間都奉獻給客戶，也難以真的照顧好每一位客戶。因為我不懂得調整自己的步調，以至於行程混亂，沒辦法有條不紊，全面性地照顧到每一位客戶。雖然這些出錯的部分多屬於細節，但若不好好重視，遲早一定會釀成大錯。而且，如果我沒有達到預期內的結果，為客戶提供一定水準的服務，反而有可能因此擔誤客戶的行程，進而影響到自身的評價。所以，我決定如果自己要給客戶五分鐘，就要給客戶最好的五分鐘，在那五分鐘之內把所有事情好好完成，要不然原

本只需要五分鐘就能夠解決的事情，最後可能要花上五小時才能完成。

快快的事情慢慢做

「管理」是我在從事保險前幾年所體悟出來的心得，特別是關於「時間管理」。越快的事情越要慢慢來，就如同當一個人捧著一碗熱湯從廚房走出來時，旁邊的人都會要他小心，要他慢慢來，寧可每一步都走得穩當，才能將熱湯安安穩穩的放到桌上。如果這時有人催促他的話，對方一急，可能就會失手將熱湯潑灑在地上，不但喝不成熱湯，還得花更多的時間清掃地面，豈不是得不償失？

這種結果就像我曾犯下的錯誤，如果我在一開始就能多花點時間靜下心來，好好地安排客戶的時間，是不是就不用再多花時間去向對方道歉？台語有句話：「緊事緩辦」意思就是如此，越重要的事情，更

要耐著性子，慢條斯理處理完畢。這些都是我自己從中體悟出來的道理，在《高效人士的七個習慣》一書中，作者史蒂芬‧柯維，就有提到時間管理的四個象限，也提到如果有機會去完成一件事，卻沒有及時去做的話，就會造成工作質量隨著時間的推移而下降。這套理論確實地在我的身上獲得了證實。

有時候，新聞會報導一些企業家或是社會菁英人士，在打高爾夫球、搭遊艇、參加酒店聚會。他們表面上看似無所事事，但事實上，他們妥善地分配自己擁有的每一分鐘，並於每一刻當下把眼前的事情做好，珍惜與每一位客戶和事業夥伴的相處時間，才能在創造事業成功的同時享受難得的娛樂活動。上述案例使我開始思索，如何在有限的時間之內持續滿足不斷增長的客戶需求，在縮短與個別客戶的相處時間中，依然能讓客戶感受到我對他們的重視，以及體諒我的忙碌，並對於我的選擇保持尊重。除了時間管理、健康管理與自我管理，我還需要學習客戶管理，

學習與形形色色的客戶相處融洽。有時候，我們會想要以社會上的成功人士做為效仿目標，想透過熱忱去彌補先天的自我不足，雖然這股志氣值得讚許，但如果沒學到骨髓，反而會成為四不像。

做任何事情要全力以赴，但不是把所有的時間跟精力都一股腦地投入進去。就像剛踏入保險業的我在發現自己在時間管理上出現缺失時，決定痛定思痛，改掉自己累積下來的壞習慣，讓自己站穩步伐重新出發。同樣的，做保險不只需要有感性的一面，更要懂得保持理性，才能走得長久。

由理性帶領感性

在將自己的行程重新規劃，讓每一分鐘都能獲得最有效的運用後，我的生活果然變得自在許多，不過這項改變並不會使得我的服務品質大打折扣。例如：當我在開會或是向客戶講解商品時，我會先將自己的

手機調成靜音，這是一種對於客戶的尊重。期間若有客戶來電，我會在事後找一個不受打擾的環境，一一回覆他的需求。如此一來，不只預定的拜訪或是會議皆能夠順利進行，我也能專心地聆聽客戶的需求。

當多位客戶在同一時間點找上我，但我仍處於忙碌狀態的時候，我會讓他們明白自己正在處理很重要的事情，像是正在和另一位客戶簽約，或是在稅務課程中精進自我，這樣客戶就會自動減少閒聊的時間，願意直接切入重點，或是和我另約時間回覆。如此一來，既不會浪費雙方的時間，也能確保我所提供的服務品質。

在踏入保險業的前幾年間，當時為了精進自我，不僅得定期接受教育訓練課程，還需要注意保險法令的動向，而公司會將每一次的更動公佈在特定內部網站，我每天也都會上網確認，就算有一天沒空，隔天還是會進行確認。不過，當人陷入手忙腳亂的時後，有時便會忽略掉每天最重要，卻容易被輕忽的事情，

所以我也曾經犯過這項詬病。

在一次的例行拜訪中，有一位具有法律相關職業的客戶試探地提出了一項關於保險契約的疑問，當時的我連續好幾天忙到沒有時間關注公司內部的最新資訊，並不知道相關法條在幾天前進行了更動，因而給出了過時的答案。結果可想而知，那名客戶也不客氣直接在眾人的面前糾正了我的答覆，當下我的雙頰可是火辣辣的，恨不得鑽個洞，把自己藏起來！我以我的專業而自豪，卻在那一刻因為專業被狠狠打臉。

這件事情讓我發覺自己過於自信，以為自己就算在百忙之中也可以做好自我管理，沒想到卻因為時間管理不當，影響到後來在客戶面前的表現，還險些毀了自己的專業形象。為了挽回，我花了一些時間，冷靜思考，調整了自己的步驟，不再讓自己被自己絆倒。

這些事情，每一件都是小事，但小事合起來就是大事。所以在時間管理上，我選擇讓腦袋做主，由

理性帶領著感性，透過謹慎安排行程，提高做事的效
益，也為客戶提供更好的服務品質。

3

創造良性氛圍，締結良性互動

　　很多時候，人與人之間的相處是靠「緣分」，但我認為有時就算緣分不足，依然能靠努力去補足其中的縫隙。其實業務員跟客戶之間的關係就像是男女朋友，從開始交往到步上紅毯的那一端，兩人能不能修成正果皆出自於先前的交流，也要看業務員願不願意更加主動和客戶互動，去創造出兩人的「共識」與「共鳴」。

　　當雙方初次見面時，一定會建立起對方的第一印象，也就是第一眼的感覺是否良好。有了良好的第一

印象後，才能夠繼續往下深談，但如果感覺不對，就不會產生後續的感受。沒有感受就沒有感動，沒有感動自然也不會心動，因此也就更不會行動了。異性之間往往因為產生了感情而願意給予彼此機會，業務員與客戶之間也是。

當你對眼前這名業務員印象良好，不論他講什麼話，你都能感到輕鬆自在，這便是你與他的好人緣。反之，如果你和眼前的業務員話不投機，講了兩三句就聊不下去，那有可能走到最後一步的「成交」嗎？試想一下，你為什麼能和眼前的業務員聊得這麼開心，可能是因為他創造了很好的互動氣氛，讓人想要跟他深談下去。俗話說：「買賣不成仁義在。」即便沒有成交業務，在情分方面也產生了交情。有些人天生就懂得跟人互動，建立關係，就連買個飲料也可以和對方稱兄道弟；而有些人碰到外人就關上自己的心門，就算對上幾句也離不開客套話，所以當我在看一個人適不適合做業務時，其實是有跡可循。

做業務看的不只是外表，縱使有些人天生擁有優勢，但對於絕大多數的人來說，只要經過用心打扮，男的帥、女的美，個個都能走上伸展舞台。做業務看的是個人的親和力，是否容易和他人產生互動，是否能在人群當中深受注目與喜愛。最重要的，便是為彼此建立起良好的氛圍，在這種氛圍下，關係才能經營得下去，這也是所謂的好人緣。既然想要拓展業務，那麼就要主動出擊，化解人與人之間的藩籬，塑造出良好的氣氛，這才是業務員的工作。即便剛才被上一位客戶拒絕，在面對下一位客戶時，還是要調整好心態，不要將負面的情緒傳染下去。

人見人愛的禮貌

　　在拜訪客戶的時候，不論是新、舊客戶，「禮貌」都是必備的要素，就算與客戶再熟，也不可忽略。不管在何種場合，面對何種身分的客戶，「禮貌」都是

對人的基本尊重，也會影響對方對你的第一印象，所以不管到什麼地方，只要是面對他人，禮貌自然不可少。

　　小時候，由於我的家族龐大，每逢節慶時總是會碰到一大堆親戚，就算平時一年見不到十次面，但見面時的問候寒暄總是少不了。在這種環境下，我自然而然養成待人要有禮貌的習慣，而在半工半讀、進入社會，甚至在從事保險業後，發現人際關係中，禮貌更不可少，就算對方對推銷保險感到戒心，但至少會禮貌性地將業務員的話聽完。

　　在陌生開發的過程中，禮貌就顯得更重要了。在一次拜訪客戶的過程中，由於客戶住的地方較為偏遠，加上對當地環境不熟，我雖然比約定的時間提早了快半小時到達，卻跑錯地方，誤打誤撞，進入了客戶鄰居的家。神奇的是，在經過連番的問好後，這位客戶的鄰居竟然還開了門，讓我登門拜訪。

　　當原先跟我約好的客戶遲遲等不到人，覺得奇

怪，他出了家門，聽到我正在向他鄰居介紹保單的聲音，就走了過來。那次的狀況實在非常尷尬，但客戶並沒有因此感到生氣，反而是進來和鄰居一起聽我把保單介紹完。事後，我誠懇的向客戶賠罪，並且問他怎麼會願意給一位爽約的業務員再一次的機會？他回答：「連一個完全不認識的人，都願意讓你直接進到他的家裡，我想你應該是一位值得信賴的業務員吧！」

後來，透過這兩位客戶的宣傳，我很幸運的認識了整條街的住戶，其中有一部分的住戶成了我的客戶，有些則成了我的朋友。禮貌能夠讓陌生人之間的尷尬氣氛化解，同時也可以讓對方明白你的善意，能夠拉近人與人之間的距離，而禮貌所帶來的正面印象，足以彌補互動過程中，所產生的小失誤，關係也能夠愉悅。

詼諧幽默的談吐

　　做人可以一板一眼，但與人之間的互動可以選擇輕鬆、柔軟，讓人不會產生壓力，覺得像是在與朋友聊天一般，甚至可以敞開心胸互相開懷大笑。這樣的話，與人之間的氣氛便能夠更加融洽。在許許多多認識的客戶當中，部分客戶原本就與我十分熟識，但其中也不乏半生不熟，甚至是陌生開發出來的客戶。在缺乏朋友關係做為基礎的情況下，除非對方個性開朗，或是抱持著開放的心態，不然在對性格內斂的客戶時，化解他們的心房並不是一件容易的事，亦是種對於業務員能力的考驗。這時候，能不能引起他們的注意，甚至是讓他們感到逗趣，就要看個人的功力了。

　　我曾經拜訪過一位姓張的客戶，第一次跟他見面時，我便露出熱情的笑容跟他招呼。面對突來的盛情，對方有點開心，但又有點困惑，向我詢問是否有

在其他場合中碰過面？我笑著回答：「不是有一句成語叫做『張三李四』嗎？那姓張的和姓李的肯定是同一掛的好朋友啦！」這句成語的原意當然不是這樣用了，不過因為我這樣的說法，反而逗得對方哈哈大笑，無形中，就化解了原有的尷尬，氣氛也活潑許多。

　　只要讓對方覺得跟你這個人講話很愉快、很有趣，心胸自然能夠打開，跟你所談的話題就更多了。我認識一位協理，他結交朋友的手法也很高竿，有時候人家跟他第一次見面，問他從事哪個行業？他都自稱詐騙集團，因為保險業有時候會被人誤認為是一項騙錢的行業，所以他乾脆以此自嘲。這時候，對方就知道他在開玩笑，覺得他很有趣，其實只要在不欺騙客戶的情況下，偶而開開玩笑，反而因此讓人印象深刻。

　　當人與人的距離被打破後，他人便容易對你感到興趣，進而形成良好的談話氛圍。幽默不只能夠讓人卸下心防，也能引起對方注意，從內心感受到愉快的

情緒，如此一來，人與人之間的互動就更加容易。只是，有時候人們誤會了幽默，以為取笑他人也是種幽默。雖然這種行為有時候能夠逗得眾人哄堂大笑，但當事人一定會感到不痛快，因為沒有人會喜歡被他人取笑。

我覺得最值得效法的幽默並不是拿著他人的短處或特點當成笑話，而是透過「自嘲」的方式，創造出活潑的氣氛。這樣的話，不僅不至於在不自覺中傷害到他人，還能讓人感到你的落落大方。詼諧幽默能夠讓僵局軟化，使氣氛變得更和樂，讓所有人感受到愉悅的心情。因此，如果你想要和每個人有良好的互動，試著學學幽默，它其實是門學問，懂得幽默之後，它能夠讓你和人之間的距離拉得更近。

拉近人與人間的距離──親和力

在透過禮貌、幽默，一步步化解人與人之間的高

牆後，最重要的關鍵便是個人的親和力，讓對方願意打開心扉，握手言歡，這才是真正的互動。親和力是當他人和你在一起時，能從你身上感受到溫和、柔軟的感覺，而不是冷冰冰，就算自己主動貼上去，還是會被周遭的寒氣逼退。或許我們沒有林志玲的魅力，但仍可以做到鍾欣凌的親和力，進而在客戶身上發揮影響力。

有一次當我進入自助餐店時，老闆娘就對我說：「李小姐，你每次來我們這邊，怎麼都笑咪咪的啊！」我說：「只要是想到來這裡吃便當，就很開心啊！」「為什麼那麼開心？」「因為你們的菜都很好吃啊！」這時，老闆娘聽了心花怒放，就拼命幫我夾菜，而且費用還打折。由此可見，笑容是一種親和力，而這種親和力跟外表沒有一定的關係。如果真的在意外表，那麼在和人見面之前注意一下自己的服裝儀容整潔，不要蓬頭垢面，便能帶給對方一個良好的印象。清爽的外表加上柔和的親和力，便能使人順利搭建起友誼

的橋樑。

記得有一年，我在平日一個人到南部度假的時候，悠悠閒閒地走在風景區，旁邊的人好奇問了我的職業為何。我微笑地對他說：「我的職業是賣東西。」對方又問：「你賣的是什麼東西？」「我所賣的東西，每個人都需要，但買了之後，卻又希望用不到。」「喔！你在賣保險啊？」結果我們兩個人就大笑了起來。由於我的落落大方與幽默開場，反而引起對方的興趣，想要跟我多說話，這也是一種親和力的展現。

其實，人與人之間的相處並沒有那麼難，不妨想像如果我們站在對方的角度，希望能夠獲得什麼樣的對待，就可以理解了。彼此尊重、主動打破藩籬，是業務員需要學習的能力，「親和力」最大的功能，就是它能夠釋放善意。否則，就算表面上再客氣、逗趣，也會讓對方感覺有距離，或是覺得耳朵不舒服，親和力大打折扣，下次若吃閉門羹也不意外了。

4

借力使力，製造觀察契機

　　在《西遊記》裡，唐三藏一行人中最厲害的是孫悟空，只要他掏出藏在耳朵中的金箍棒，便可以輕易打敗許多妖魔鬼怪。不過在某些場合中，他沒辦法自由地施展拳腳，甚至還因為本領不夠高強而居於下風。這時候，他就會做一件事——找天上的神明助陣。不管是觀世音菩薩還是如來佛祖，他都去求助過，並藉此協助唐三藏化險為夷。可以說，孫悟空厲害的原因並不只是出自於拳腳上的工夫，而是他還懂得如何「借力使力」。

請神明收伏妖魔鬼怪是最安全、最省力的方式，加上有些妖魔鬼怪原本其實是某位神明的坐騎，或是在身旁服侍的童子，如果硬是靠蠻力將它們打死，就算到時成功到達了西天，也難以向那些與妖魔鬼怪有關係的神明交待。因此，直接找上神明其實是非常聰明的方法。

　　同樣的，保險業務有時也像是在打怪，如果眼前的魔王過於強大，你無法單獨將他轉化為溫馴的小羊，甚至不知道該怎麼說服他。如果這時你懂得如何借力使力，就可以使得這段過程能夠順遂一些。不過，我們既不是孫悟空，也不可能請得到如來佛祖，若想要借力使力，就要善用「人」的力量。當然，這裡並不是叫你找到強而有力的第三者，直接強迫眼前的客戶立刻向你簽下保單，而是運用一些間接的方式，讓你能在無形當中順利進行當前的工作。

　　當我在拜訪客戶時，如果有機會的話，可能會約出來一起吃飯、逛街，聽聽他講講最近生活中發生

的各種事情或八卦，甚至是談談投資與人生未來的走向。這並不是什麼困難的事情，當中有很多是我們生活中本來就會做的事情，只是我讓客戶與我一起活動。如果客戶想要帶上他的家人、朋友也無妨，因為在無形之中，客戶的家人與朋友也能對我的服務產生助力。

不需要自己主動去談保險，而是由客戶主動找你談保險，這便是所謂的「借力使力」。只要有服務好原本的既有客戶，成為客戶心目中最佳的保險業務員，讓客戶去為你做擔保、做口碑，就很容易完成陌生客戶的推廣與行銷。要知道，之前努力的推銷，都是為了日後的行銷，屆時不用你主動開口，自然會有生意上門。

職團經營，發揮聚眾影響力

身為一位業務，一對一的拜訪可以說是種職業上

的例行公事，不過在拜訪客戶的安排上可以有更好的效率。只要能夠安排得宜，團體性的拜訪便很有可能發揮奇效。不過，要特別注意的是，在這種集體拜訪中，業務員務必要謹記並保持自己的角色定位。如果搞不清楚自己在這場活動中的定位，甚至不知道自己該做哪些事情，以為自己和其他參與者一樣是來吃吃喝喝，那麼，能從中得到的收穫就僅僅是個美好但空手而回的記憶。

在安排拜訪客戶的行程當中，有時候會將一些性質相同的客戶安排在一場活動。透過短短的兩個小時，或是一個下午的時間，讓他們能聚在一起，培養彼此之間的影響力，這樣只要我獲得其中一人的認同，其他人便有可能因此心動。當我安排好活動，獲得所有人的回應後，活動便成行了。這時，我就有機會從更多的角度去觀察客戶，獲得之前可能得不到的訊息。等到我發現他們釋放出可能需要我出場的談話，我才會適時的切入。當然，這部份有很多的關係

與細節要注意。

　　當客戶發出訊息時，業務員必須對此保持敏感度，才有可能接收到客戶所拋出來的資訊。其中，有些訊息是客戶自己在無意之間透漏出來的重要資訊，而在關鍵時刻時，業務員便需要站出來引導話題的方向。由於先前已經聊得有聲有色，這時候再提起保險，而且又是客戶自己主動釋放出來的需求，所以都會敞開心房、張開耳朵傾聽。

　　像我有一群屬於消費市場頂端的女性族群，她們的先生幾乎都是台商，當我在規劃拜訪的過程中，就會把她們平時舉辦的活動，像是逛街、聚餐、品酒安排到我的個人行程。當她們在閒聊時，除了談到美容、保養、減肥等關於自身的內容，也有很大的機會聊到另一伴的事業與健康狀況，或是退休後的生活打算與晚年生涯規劃。這時，我會以老年生活、長照醫療、退休儲蓄……等關鍵字加入話題，並在話題之後對保險有著深刻感受。在這種情況下，我通常都能得

到良好的回饋。所謂回饋不一定是成交，而是客戶感受到話題符合他們的需求。他們會專心聆聽，甚至會主動問起問題，統一一起解釋，更能達到借力使力的效果。

當然，並不是每個人都能一開始就能做到這地步，同時也要看業務員個人的客戶人數是否足夠。而在這些客戶當中，是否有喜好相似，可以聚集在一起的人。同時，這類的團體活動往往比單人拜訪更能釋出更多的訊息，有心的業務員只要從旁邊注意，將客戶的需求放在心上，就算在之後的個人拜訪，也可以協助客戶滿足他們的需求。不過，有一點要注意，在跟客戶一起進行活動時，我會將性質相似的客戶聚在一起，進行統一拜訪。

好比說我今天拜訪的是家庭主婦，就可以安排一場她們比較感興趣的聯誼活動，例如烹飪或是親子座談；如果是車商的話，就可以找擁有類似需求的客戶一起，因為背景相似，就能有共同話題可以閒聊，即

使我不開口，也不會冷場。在這種活動中，業務員要有很好的統籌能力，並且維持氣氛，如此，客戶們才會期待下一次聚會的到來。

察言觀色，找出話中玄機

在教導業務新人規劃拜訪的過程中，我時常提醒他們，要讓耳朵長在嘴巴前面，也就是時常以「聆聽」代替發言，不要搶著發言滔滔不絕。畢竟，業務員所講出口的內容並不完全是重點，而是客戶的回覆與反應，因此優先讓客戶表達自己的觀點與看法比業務員不斷開口來得重要。記住，機會可以被製造，也可以被掌握。在聊天的過程中，要懂得聽出解讀文字背後的意涵，理解話中帶有的玄機。

業務新人非常容易犯下一種錯誤：身上散發著熱情，非常想要把商品推銷給客戶時，就會賣力地唱著獨腳戲，而忘了聆聽客戶真正的需求。我曾經在一次

集體拜訪的過程中，打算向其中一位客戶介紹當時公司新推出的退休儲蓄險。當我正準備開口時，正好聽到他跟旁邊的人吐露最近正在照顧家中長輩的事情，我察覺其中有一些詞彙帶著一些我之前所不知道的訊息，進而在提問後，客戶才告訴我自身家族的狀況。

我赫然察覺他的家族遺傳似乎帶有慢性疾病，在步入老年生活後，比起一般人更需要醫療方面的照護，而客戶心中也在想：自己若是老了，又該如何維持現有的生活品質？

在獲得這項消息後，我想了一下便離開了原本的位置，並打了通電話給助理，請他將我提的醫療險保單資訊送到現場。在助理過來之前，我又花了點時間調整原先預定保單的內容。等到我將更改後的醫療保險提上台面時，那一位帶有家族遺傳疾病的客戶對我所介紹的保單非常滿意，甚至當場便簽下了保單，還向我約定日期，希望將我介紹給他的家族成員認識。由上述案例可知，「聽」比「說」還要重要，只要讓

客戶有意、無意之中願意說出他們的需求，提供適合的保單，會對業務有很大的幫助。

有時候跟一些老人家聊天時，他們喊著身子痠痛，但我知道，他們需要的不是醫生，而是一句旁人的關心；當一名科技新貴，在我面前說他有多累，老闆除了他誰都不找，我明白他在喊累的背後，其實也展現了他有多認真，以及他的價值。

懂得客戶的話中話，更能夠切入客戶的需求點。想要有業績，就得先從「認識」客戶開始，這比你對著客戶說不停，介紹著公司的產品來的重要，也輕鬆許多。同時，在閒聊的過程中，你不只有時間仔細分析客戶所透露的資訊，全面性地了解客戶的實際需求，才能夠借力使力，讓洽談的過程更輕鬆。另外，客戶還會認定眼前的業務員「懂」他，具備信任感，便會願意將自己的資產交由業務員管理，因為客戶相信這位業務員具備了能力，那麼，會對他做出最好的安排。這麼一來，絕對比你主動帶著商品，去開發客

戶來得有效果。

擴大潛在需求

不管是集體拜訪，還是一對一面談，業務員所服務的對象不僅只侷限於眼前所見的人。在拜訪客戶的過程中，比起只將目標放在客戶個人身上，擴及其家屬與親友，更有助於日後行銷。

當我在拜訪客戶時，我所關心的對象不只是客戶本人。有些客戶家裡會有老人家或是小孩，我如果手上剛好有些適合他們的禮物，就會順手送過去，而這些禮物並不一定要用買的，因為這樣反而會讓對方有壓力。如果手上有客戶送的 SPA 優惠券，而剛好有哪位客戶對它有興趣，就會在拜訪的時候送過去。或是在麥當勞拿到自己用不到的玩具時，我也會保留下來，以送給客戶的小孩子作為禮物。

其實這是很單純的分享，就像里鄰之間常常會互

通有無，而我因為關心到客戶的家人。如果他們的家人有需要保險，甚至有保險的疑問時，第一個也都會想到我。在這個社會上，每個人都有家人、親戚與朋友，我與眼前的客戶之間不會只有一次性的拜訪，而是有無數次的會面，而透過客戶所延伸出來的需求，往往是當下所難以預估。

每當我向客戶介紹保險時，除了為客戶搭配量身訂製的保單外，也會透過家人、後代、未來等話題，讓客戶在考慮購買保險時想更多、看更遠，不只替自己，還會為家人買保險。就算客戶本人無法為家人做主，他還是可以擔任我的引薦人，將我介紹給他的家人認識。開拓市場並不是一件難事，只要學會擴大客戶的潛在需求，讓客戶願意擔任推薦人，轉介紹給其親友後，便能藉由這項管道，累積起龐大的客戶族群。就算之後不主動跑拜訪，開發陌生客戶市場，也會有既有客戶介紹新的客戶。

我始終認為，只要透過發揮出個人的善心，便能

在社會中形成一個和善的氛圍。在這個良性氛圍下，每個人都能從中獲得成長與收獲。保險雖然有「買賣」、「成交」的意味存在，但這是一份用「心」從事的行業，必須要懂得如何經營人與人之間的關係，並發自真心誠意的與對方互動，才能維持長長久久。

5

引導客戶思考未來的藍圖

「你永遠不知道，疾病和意外哪一項會找上你。」身為一位業務員，你有義務時時提醒準客戶讓他明白保險的重要性。舉一位親戚的例子，這位親戚在很年輕時就十分擔心自己的身體狀況，因為他們家族中大部分的人都得過胃癌，就連自己的母親也是。面對這項狀況，他很擔心自己可能也會因為胃癌而提早離開人世，也想過如果自己英年早逝，那妻小的處境又會變得如何？

於是，他未雨綢繆，在我向他提起保險觀念時，

便主動向我簽了一份五百萬的保單。當時他的身體還很強壯，工作順利且家庭生活美滿，人際關係也很良好。在旁人眼裡看來，這樣的人應該一輩子也不會動用到這一筆保險給付。令人心酸的是，時隔數年後，他卻也得了胃癌，並在與病魔抗戰四年後離開了人世。在舉辦告別式的當天，我負責協助他的家人收奠儀。至今我仍記得很清楚，那一場告別式所有白包加起來的金額是 46 萬，而保險給付就理賠了五百多萬。

在那場告別式結束之後，喪家要請大家吃飯，他的父親走了過來，紅著眼睛跟我說：「春英，我們全家人非常感謝你，幸好有那五百萬，可以讓我不用煩惱孫子的學費，也幸好有那五百萬，讓媳婦一家的生活可以繼續過下去。」我覺得叔叔要感謝的不是我，而是他的兒子，如果不是他的智慧，他的妻子又怎麼生活無虞，甚至小孩子可以繼續受教育，並且能夠維持現在的生活水準呢？值得欣慰的是，這位親戚會提早去思考他和他的家人的未來，對他的家人來說，這

份保險源自於他對家人的愛，也多虧了他的超前部署、提早規劃的智慧，在疾病還沒發生時，就已經先準備好對應。

防患未然、未焚徙薪，這都源自於保險的觀念。當這位親戚發現了保險對於他的重要性，所以提早規劃。一般反對，或是不懂得保險的人，他們往往不願意去理解保險的來源，甚至不認為會需要用到保險給付。只看到當前的現況，認為自己現在「看起來」好好的，覺得勸他買保險的人都是在騙他的錢，認為保險公司其實是種新型態的詐騙集團。以前甚至還有人認為談論「保險」就是談論「死亡」，是一種非常不吉利的話題，應該敬而遠之，能不碰就不碰。至於這部份，就只能靠長時間的引導與教育。

引導對方自發自覺

人的一生當中，不外乎三種保險：人的保險、物

的保險，還有錢的保險。關於身體的傷害病痛，保險可以成為很好的後盾，例如住院的時候不用擔心平時的生活開銷，開刀時也能選用比較好的醫療器材。關於居住的屋子或是車子，則是有火險或是車險，防止在意外發生時，自己沒有錢將原本的物體復原。至於錢的保險，像是儲蓄或是為未來的老年規劃，則要靠業務員引導客戶，一步步完成對於自己的未來打算。

曾經有一位不到三十歲的年輕人來找我，他說他有一筆錢想要用於保險。在與他談過之後，我了解他想利用那筆錢來做未來退休的準備，但他選擇的卻是六年期的保險工具。說實在話，這對他預計的退休計劃並沒有明顯的實質幫助。

當時他預計一年存 24 萬，六年下來就是 144 萬。根據我在職場的經驗，許多保戶會在時間到了後將當初投入的資金提領出來，然後再利用那筆金錢為自己重新再買一個保險。然而，保單的利率一直在改變，而且後期推出的保單在利率上通常只會越來越低，不

會再保有先前所提供的優惠。到時，客戶只能不斷地找相似的商品做為替代，既多此一舉又得不償失。若客戶將這一筆提領出來的金錢用於買車或其他消費，那這筆保障對於退休計劃的幫助便會趨近於零，因為等到客戶退休後，當初那筆金錢所帶來的效益早已所剩無幾了。

既然如此，我便建議他索性一次就將時間定長一點，至少在利率持續下降的環境趨勢下至少不會因此受到影響，這就是「鎖利」的概念。我向他表示，如果他願意照著我所提供的理財工具，並且堅持執行到退休，那麼他在人生往後的每個月中都能得到期望數目的金額，甚至還能將其中一部份的財產傳給下一代。

對方聽完我的解釋後覺得這一席話有道理，同時也願意提出自己心中的深層想法。年輕人向我表示，他擔心自己在繳納的過程中失去工作，無法負擔起每年的保費。對此，我則向他提議，屆時可以依經濟狀

況來做額度調整，至少還可以利用長期鎖利的方式維持預定利率。再加上勞保退休金，便能在退休後，達到維持生活品質所需的金額。這段案例顯示出，當業務員和客戶談退休規劃的時候，一定要讓對方明確地了解自己的實際需求，知道自己如果這麼做，會有什麼樣的好處？明白他現在所做出的決定將如何影響自己的現在，甚至是未來。

如果保險業務員沒有針對客戶的需求去做引導，讓客戶自發自覺地察覺到業務員所規劃的商品正是客戶所需要的商品。就算客戶乖乖聽話買了，也會買得不明不白，甚至後來開始反悔，認為業務員隨便塞了一項商品給他，讓他每年都得不甘不願地繳費。

吃藥的人是因為明白自己生病，才會吃得心甘情願，同樣的，想要客戶心甘情願的簽下保單，就得先讓他明白，這項保單是對他有實質的益處。因此，在推薦商品的時候，我會先去了解客戶，和他溝通後，知道他們需要什麼？欠缺的又是什麼？並引導他們去

思考，利用一些輔助，讓保險確切的貼近保戶的需求。

不管是哪種保險，引導客戶為他們的未來著想，就是未雨綢繆，就像我那位親戚為了他的家庭，談保險的時候，他正值壯年，身體還很好，而癌症是「未來」，而且不知道會不會發生的事？保險沒辦法保證這樣的未來不會來，但保險可以讓他明白，在狀況最糟的時候，自己與家人將能享有哪些保障？所以一個懂得行銷的保險業務員，一定要會規劃客戶未來的藍圖，也就是行銷客戶們的「未來」。

規劃客戶未來的藍圖──行銷未來

人的一生究竟有多少年？七十年？八十年？無論誰也說不準，但當人出生於世界上那一天開始，便決定總有一天得面對老化；當人結婚的時候，便可能就面對生子的課題，或是對另一半的責任；當人踏入社

會就業的時候，便會在未來面對退休的課題。那麼，如果有一天人老了、孩子也大了，不再工作了，便進入了所謂的退休生活。

當客戶體悟到這一點的時候，客戶就會反過來問我，透過保險，能為他們做什麼樣的規劃？此刻正是我發揮作用的時候。這也是我為什麼常說「生活即保險，保險即生活」，因為正如我所說，生活周遭會發生的事，如人生的大事中，老化、婚姻、退休，人可以選擇要不要結婚，但另外兩個議題卻隨著時間會繼續往前。不用特意去談商品，讓客戶有所自覺，當我們在討論人生，無形中，就會勾起客戶腦海中的畫面，他如果有了保險，他會是怎麼樣的未來？他如果沒有保險，就會是另外一種未來。

而保險行銷在這裡，就像幫助客戶去勾勒出他未來的畫面，如果你可以協助客戶把未來的藍圖都規劃好了，可以讓他很安心、無憂無慮的去打拼，不用擔心萬一出事，家人該怎麼辦？或是因為有保險，所以

不用擔心退休後的老年生活，不管是活得太長，或是病得太久，保險都有幫忙顧慮到。他就會樂意而且心甘情願成交保單。所以在行銷保險的重點，就是在保障客戶能夠坦然面對不可預知的未來。

從「當下」到「未來」

保險可以解決很多的困境，其中有領過保險的人的感受就特別的深。以我這位親戚的例子，不管是他一家未來的生活花費，還有小孩的教育支出，都是因為有了保險做為後盾，一家人才有餘力更積極正面地面對生活，心態也能從中有所不同。在少了經濟的負擔後，對於未來便能抱持著希望。試想一下，既然保險能讓每一個人與他的家人都能從現在到未來獲得好處，何樂而不為呢？

為客戶規劃一個不可知的未來絕對不是種預知，因為如果人真的能夠預知，就可以避免很多意外，甚

至根本不需要買保險了。我覺得，買樂透中大獎的機率非常低，但如果是買了保險，只要契約成立的話，保險一定會將該給你的都給你。所以在跟客戶聊天的過程中，當他們懂得為他們的未來規劃出一個完善的藍圖，並打算將這個藍圖真正落實，就會主動跟業務員詢問。

　　當然也不乏沒認真想過未來的人，畢竟談的都還是「當下」。在我和很多年輕人談的過程中，也是會有人想說：「我現在好好的，怎麼會有事？」「我還那麼年輕，想到退休那麼遙遠的事做什麼呢？」有些人認為日子過一天算一天，只要把握好當下就好了。然而，保險是讓你設想在未來的三十年、五十年，或是遇到事情時，你可以過上什麼樣的生活？

　　越是有錢的人，越是重視保險。透過保險，倘若他們發生意外，或是生病、資產可以傳承繼續擁有很好的生活品質。那沒有錢的人呢？沒錢的人如果沒有保險的話，未來發生事情的時候，沒有錢去處理錢可

以解決的事情，那麼生活更是陷入困境。我們的工作就是讓客戶去正視在他生命中，可能會遇到的問題，不要說年輕人，就算是年紀比較長的人，也不一定會想到這一塊。

無論是多麼遙遠的未來，都會在時間的流逝下來成為眼前的現在。那麼，為未來著想，是不是也成為客戶們的功課呢？而輔導客戶寫下這些功課，就看保險業務員的個人本事了。

第二章

轉換人生跑道，
從 TOP SALES
成為保險經紀人

面對危機，堅守崗位

　　人生因為意外而充滿驚喜，但也因此得時時準備面對難以預料的災難，但你永遠不知道自己在下一秒即將面臨的是驚喜，還是災難。同時，保險的用意讓你在意外來臨時多一份準備，能夠無後顧之憂地面對接下來的發生。雖然保險無法使人從此人生一帆風順，但是當災難降臨時，保險卻是許多人最常依賴的救命稻草。例如，當有保戶在面對親人的驟逝時，如果此時又要為生計陷入困頓而煩惱，對於人生無疑是種雙重打擊、雪上加霜，但在有了保險之後，它所給

付的金額與保障便足以讓人度過眼前的難關。不過，人生真正的問題還是得由自己克服。

　　意外之所以為意外，就是因為它的不確定性。「天有不測風雲」，我們如何在每次意外來臨時，能夠正面面對、迎視，取決於我們的態度，有些人遇到困難，覺得很辛苦，就選擇了示弱；也有人和它去硬碰硬，最後頭破血流。這些是保險沒辦法替代你去面對的事，人生的關卡，一關過了又一關，是考驗是磨練，一切都是自己的看法而已。

　　人生當中除了意外，我們還有機會遇到很多事，而這些事可能讓你心境低落、意志消沉，讓你覺得深受折磨，這些事可能改變你的一生，然而，在當下，我們都無法逃避。是生離死別，事業上的挫折，或是感情糾葛，每個人對於困難的承受度不同，才會有那麼多種結果，否則，同樣失業或失戀，為什麼有人能夠奮發向上？有人則持續陷入低潮呢？

　　這些事情讓我們原本的人生起了變化，並且讓自

己感受痛苦或難受，就是種折磨，而這種折磨也成為歷練，正是這種歷練，讓每個人有不同的面向，毛毛蟲能不能蛻變成蝴蝶，就看這一刻了。我的人生雖然稱不上大起大落，但也有不少轉折，而每個轉折都讓我重新思考未來的方向，而我也在人生的轉折當中，領悟了許多事。

毫無預警的意外，不動搖的堅持

2009 年時值八月，那一天一如往常，我早上忙著處理客戶的事情，保持與公司的聯繫，那時仍未察覺公司內部有哪些異狀，照舊埋首於工作之中，直到肚子咕碌咕碌叫，我看了下時間，才驚覺已經一點多了。我放下手邊的工作，走到附近的麵店，叫了碗麵坐了下來，喘口氣，想說可以休息一下，先填滿肚子，下午再繼續工作。當麵端了上來，我正準備開動，此刻，電話響了！

「春英姊，你快點回來，出大事情了！」打電話給我的是公司裡的同仁，在聽完他的話之後，我連麵也來不及吃，就直接請老闆打包，我知道迎面而來的即將是一場硬戰。果然沒錯，當前公司被接管的新聞一出來，我服務的那些保戶，不管是新客戶還是舊客戶，都一直不斷打電話過來，我的手機一直停不下來，講電話的時間比吃麵的時間還多。結果，那碗麵吃了四個小時都還沒吃完。就像驟雨急下，而我沒有撐傘，就這樣任憑雨滴打在我身上，我在這場暴雨中，努力的抹開眼前的水。

在那個時候，我知道自己不能表現出慌亂，也不能棄守崗位。但是，面對一直以來，我視為家的公司出了大事，其實我的心中也是有些倉皇不安，但我知道自己不能自亂陣腳。我明白，連在公司資歷豐富的我都感受到不安了，而我服務的那些保戶們一定比我還要更慌亂，底下的同仁也不知道該怎麼辦。這時候的我，也沒想過人生的下一步該怎麼走，而是想著如

何安定周遭人的情緒，同時避免保戶的權益受損。

那一天，我講得口乾舌燥。除了面對客戶，底下的業務員，還有許多剛踏入保險業的新人，都來問我該怎麼面對這件事。他們跟我一樣，遭受了前所未有的震撼，只是當時的我身為區經理，就不能拋棄我的客戶與業務夥伴。我人生的秩序出現動盪，我知道眼前的這場暴雨只是開端，後面將有一場更大的風暴即將到來，但我沒有打算逃開，而是選擇和它繼續面對它。

面對自己的選擇，始終如一

關於這一天的到來，說實在也並非完全毫無根據，因為在此之前就已經有不少公司的負面消息傳出來。但，我始終相信只要自己盡忠職守，做好本分，不論外面的風雨怎麼飄搖，都能夠在全體同仁的努力下穩固它的根基。一個人的力量也許很小，但如果每

個人都抱持著同樣的心，將可扭轉局勢，渡過難關。

有人問我為何對公司如此盡忠，我平靜地表示：「公司給了我發揮的舞台與該有的報酬，所以我想透過這種方式回報公司。」雖然市面上有許多家規模龐大且信譽良好的保險公司，但我對於公司死心塌地，不曾動搖的那種感覺，就像是種初戀。一旦我認定它之後，我就不會輕易選擇跳槽到其他家保險公司。

所以，在事情發生前後，我始終都站在公司的角度著想，去跟客戶說明。我跟客戶說：「你所擔心的事情包括：公司會不會倒掉？保戶的權益會不會受損？錢拿不拿得回來？」但是，與公司的營運狀況比起來，保戶自身的健康安全才是更值得關心的議題。為了消除他們身上的不安，我分析了很多狀況給他們聽，像是金管會的功能，還有市場走向等，很多客戶聽到這裡，覺得也有道理，就安撫下來。

這不是推諉之詞，而是站在客戶的立場去想，他們最擔憂的事情，無非就是繳了那麼多錢拿不回來，

或是契約失去了保障。對我而言，客戶失去保障，才是最嚴重的事，每天出現在客戶面前，對著焦慮的臉孔，守著本份苦口婆心，向客戶解釋，把該做的事做好，才不會讓公司、客戶都兩頭亂。面對那次的危機，我明白「亂」是種必然的過程，但是身為業務員的我們不能任其擺佈。在混亂之中，我必須找回自己的秩序。即便公司被接管已經是項鐵錚錚的事實，但所有人依然要坦然面對接下來會發生的每一件事情。就像是在充滿漩渦的河流當中的小船，就算手中有著槳，也不知道該如何施力，也只能盡量做著自己能夠掌握的事情。

然而，風暴還是侵襲了過來，內部人事也因此出現劇烈的大動盪。那一年，許多人離開了前公司，看著那些曾經視為家人的同伴就這樣離開，雖然心中百感交集，但我還是向同仁表示：「我們只有兩種選擇，一個就是走，另一個就是留下來。」此刻我沒有權力去決定他們的未來，更不會為難他們，每人頭上

一片天，祝福他們有更好的發展。至於對於選擇留下來的同事，既然選擇留下來的話，就不要繼續抱怨公司，不管所在的位置或是工作有了什麼變動，就是去面對。

對於那些離開的人，不可否認地，我在當下的心情其實還是挺複雜的，但我更明白這也是情勢所逼的必然情況。我能做的事情就只有做好自己，並更加倍努力，將怨天尤人的時間拿去做事。因為既然是自己的決定，又為什麼要為自己的決定而痛苦呢？「歡喜做，甘願受」，那麼，不論是走、是留，也不會有遺憾了。

由於我在前公司表現不錯，業務成績一直很亮眼，所以在這段時間的前後曾有不少同行過來挖角，但我始終沒有答應。或許有人會覺得我傻，但這就是我，只要認定了一樣事物，就會守到最後，我在我認定的領域，做好我的工作，從事我的服務。

個人的品牌不能倒

在前公司發生事情之前，我曾經遇過當自己掏出名片，告訴其他人我在哪間公司服務時，對方的眼神與表情就會變得有點奇怪，雖然不至於當著我的面大肆批評，但仍會講出一些不動聽的話。面對這種事情，我通常是實事求是的表達立場，當然我不會因此和對方展開爭吵。

雖然前公司之後遭其他企業合併，但也不能抹滅它所存在的價值，當它還在市場上還站得住腳的時候，也為客戶提供了良好的服務，它的產品還是值得讓人稱讚。即便它光環不再，但仍不能否認前公司是一間有著眾多優秀保險業務員的公司。我發現我的心理素質還算穩定，我不會因為他人的眼光而動搖，也許是因為這個關係，所以我在保險這條路上，才走這麼長久。當我無視於他們的眼光時，到最後，不好意思的反而是對方。

做業務員固然要以和為貴，但對的事也要堅持，就像保險是我們的信念，在保險的正確觀念還不像現在這麼普及化的時候，我們必須要有更強大的心理去面對誹議。即便發生那麼大的事情，還是有很多客戶願意讓我為他們服務，曾經有客戶為了買保單，夫妻倆還吵架，老公說不能買，但他老婆覺得我很好，陷入了兩難。

我告訴她，就讓她自己決定吧！後來那個太太向我表示：「我不選公司，也不選商品，我就只是選你李春英。」聽到這裡的時候，其實我的內心十分激動。這更讓我明白，不管發生了什麼事，只要走在這條路上，個人的品牌絕對不能倒，很多客戶是因為我的關係相信保險的保障，因此一路挺我到底，這一點，我非常感謝。我更相信在這條路上，只要扮演好自己的角色，做好自己，就不用去理會其他人的反應。而且，對於客戶來說，他們對我已經是個習慣，是個信賴的對象，我更要堅持自己得來不易的個人招牌。我始終

相信，當緣分到來時，就會是最好的安排。

　　當我不捨地離開了前公司，轉型到保險經紀人公司，我對保險又產生了不同的體悟，也提升了以往在公司所受的教育。當你站在不同的環境，看的東西不一樣了，角色定位也不同，雖然做的都是保險，但思維會跳脫既有的觀念，我發現我能做的事更多，也更廣闊了。而在這新的領域，我也運用過去的所學，想辦法讓它發揮到極致，走出另外一條不同的路來。

迎接挑戰，才能打開視野

　　來到了保險經紀人，這是一個跟過去傳統保險公司不同的世界。以保險的本質與核心層面來看毫無改變，同樣都是由業務和保戶成交保單，且由公司為客戶提供完整服務，讓大家在遇到困難時，生活能有個保障。然而對我來說，卻是不一樣的體驗。即便像我已經從事了這麼多年的保險業務，在進入保險經紀人這個世界，還是感到有所差異。

　　當時我的單位正經歷了許多事情，因此開始思考未來的人生。試想，如果自己轉換跑道到了不同產

業，那我的保戶怎麼辦？當他們有問題的時候，沒有人可以幫助他們，這是我所放不下的牽掛。雖然在我離開前公司後，有人會接手我的服務，但我沒辦法辜負保戶對我的信任。難道，我所建立的個人事業，會因為公司的結束而消逝嗎？

當時，正好有機會接觸保險經紀人公司，在一陣詳談之後，我發現這或許是上天給我開的另一扇窗。雖然前公司已經不復存在，但祂安排了另外一個平台。這樣的話，就算我人已離開原本的公司，但我仍在保險業工作，還是可以繼續為保戶服務，甚至還能因此提供更好的服務及商品選擇。而且，身上累積這麼多年的專業也不至於因此歸零，正因為這個念頭，我來到了保險經紀人公司。

雖說是保險，但保險經紀人公司跟傳統公司相較之下，還是有些不太一樣。　在我進來之後，也是會碰到需要重新學習的地方，只是與其他人相比較容易進入狀況。當我踏進來之後，那種感覺就像是視野被

打開似，原本雙眼中的視野可能只有眼前九十度的世界，這時候可能需要轉動脖子，說不定還得將眼睛繞到後面，好好的把保險這個世界看個透徹，我發現我看待事物的角度變得更宏觀了。

在來到保險經紀人之後，有些新型的觀念流入我的生命，過去有些會擔心的事情消散了。像是在保險經紀人公司裡，沒有所謂的年度考核，也不會因為離開了擔心續佣問題，而且還能把你當前的位置傳承給家人，這一點和傳統保險公司很不一樣。在我剛開始有了轉型的念頭時，我曾這樣問過自己：「離開傳統的保險公司，會有更好的未來嗎？我能夠有不一樣的舞台嗎？」其實，這一切都是屬於未知，而我也可以選擇得過且過，只是我選擇了繼續挑戰。

我想到了以前半工半讀，在工廠打工時，明明隔天就要期中考了，老闆還拿了一堆的焊錫材料過來，要我在當天做好。憑著一股不服輸的精神，我熬過了那個當下。那麼，現在的我難道會比那時候的我還

差嗎？當事情已經到你面前了，沒有退路，就是往前進。離開了一般的傳統保險公司的我來到了保險經紀人公司，而迎接我的會是另外一個怎樣的世界呢？

教育訓練是重要的一環

很多人選擇投入保險經紀人公司，也有很多人留在傳統的保險公司，當然各有優點，然而後者有底薪，也是許多人選擇留在傳統保險公司。這是非常現實的問題，付出時間和精力工作，就是為了賺取同等的報酬，最基本的條件要吃飽，才能去想其它的事情，比如夢想。當一旦投入了傳統的保險公司，公司就會開始培育你，並進行一連串完整的教育訓練，那麼，你就成了「員工」，工作就是執行公司交待的任務，同時也必須遵守公司的管理模式。

以一個想要進入保險業的人來說，他必須要有一間大的公司當他的品牌。因為這個人不管在各方面，

在這個領域還沒有一點成績，得分是 0，如果沒有能力和實力的話，他就必須要有個幫他加分的後台，而大型的傳統保險公司就是如此。如果業務在外面向人介紹自己時，拿出名片，人家一看就知道你在大型公司上班，因此較相信你所講出的話。在此狀況下，人們的信賴度來自於你所代表的大型公司，而非個人。當然如果這個人已經在這行業做出個人品牌與口碑，就不一定需要這麼做了。

我們會發現傳統的保險公司花了很多的時間以及精力在新人身上，他們有一套完整的教育訓練，透過教育訓練出來的保險人員，可以快速且制式的為保戶服務。而這一點，保險經紀公司在過往比較沒有著重在這一塊上，但現在都已經獲得了大幅改善，像我現在所處的保險經紀公司，一直都有常態性的稅務基礎課程和相關講座，讓每一個進來的業務員都可以學習。

在過去，保險經紀公司這塊市場還不夠成熟，若

處於傳統保險公司時，就會認為保險經紀公司的規模和組織太小，又沒有一套良好的教育訓練，沒什麼發展性，會讓一般的業務員認為留在保險公司就好了，既有底薪又有獎金，能夠獲得足夠的保障。但現在我回頭來看，就會覺得跟以前的認知完全不一樣。可能是時代的變化，我發現保險經紀公司已經成長茁壯，足以跟傳統的保險公司相對而論了，因此，現在很多傳統的保險公司都已經跟保險經紀人攜手合作。

傳統的保險公司在教育訓練上較為制式，對新進的業務人員安排了一系列需每日定時參與的課程，讓他在去推廣商品或是開發客戶時，不至於無所適從。至於保險經紀人公司，學習方面就較為自由主動。以一個進到保險業的新人來說，他就是要學，不管在哪裡都一樣。多問、多學，這就是一種教育，除了依靠專業訓練，還要憑藉自身的智慧來化解每項迎面而來的問題。不論何者，保險這個行業，老鳥會帶著新人，但時間到了，就是放新人單飛。在教導的過程中，不

論新人學到多少，都會化為個人的能力與本事，讓他在洽談保單、面對客戶的時候，更能夠得心應手。

善用好的保險商品當「支柱」

對一位新進保險業務員而言，當結束一連串完整的教育訓練後，便需要思考更多問題，像是：學得內容夠不夠充實？什麼時候可以進入市場磨練技能？是否能處理客戶丟出來的反對問題？這些都是現實層面的問題，而傳統的保險公司設有考核制度，相對上較有壓力。至於保險經紀公司的新人反而沒有這種所謂的考核，因此相對也會比較輕鬆。然而，比較輕鬆並不代表沒壓力，因為傳統保險公司有教育訓練足以將普通人訓練成可以上戰場的戰士，那保險經紀人呢？

其實不管傳統或經紀人公司，對一位踏入市場的新人而言，推銷經驗值肯定不足，在我看來，保險「商品」就是你最強力的支柱，因為在保險經紀公司，你

有很多元化的商品可以滿足客戶不同的需求，就像客戶想吃自助餐、套餐、或是一起來？這裡應有盡有，關鍵就在於你怎麼善用你這些「菜色」？對配方夠不夠熟悉？能不能輕易操作工具？也就是如何在眾多的商品，提供最合適的給客戶？當你能夠為客戶提供這麼多琳瑯滿目的商品，甚至為他們量身打造，設計出對客戶最有利的保單，你的績效自然就會起來。

　　現在的保險公司有很多家，客戶的選擇性也很多，決定權在客戶的身上，但是保險經紀人可以為客戶量身打造，釐清滿足他們的需要。但不管在保險經紀人還是傳統的保險公司，如果在任何一方面對多變的市場，都可以輕易生存下來，那他無論在新興的保險經紀人公司，或是傳統的保險公司都可以生存下來，因為這證明這個人夠努力。我常常覺得，有證照不如「勤快走」（台語），那些資深的前輩都是因為有了證照，再透過他們的努力，才有現在你所看到的成果。

水到自然渠成

以目前的保險市場而言，許多業務員因保險經紀人市場篷勃而選擇轉換跑道，但也有不少業務員選擇堅守自己耕耘多年的保險市場，每一個人都有自己的考量。對一個在傳統保險公司做那麼久的人，現在轉型到保險經紀人的人來說，需要有很大的勇氣。因為在傳統的保險公司，有所謂的續傭制度，就算近期的業績不甚理想，但仍可以藉由過往的輝煌成績領到不錯的固定收入。對於資深的業務人員而言，可說是相對穩當。

每個人有自己的選擇，無論是選擇離開或是留下來都是出自於自身的顧慮，沒有所謂的好與壞。對於我來說，來到保險經紀人職場的時機點不算過早或過晚，也沒有分好或是不好。我覺得這一切都是水到渠成，當緣分來臨時，時機自然就到了。我很感謝在傳統保險公司裡，不論是主管或是課程訓練，都在

有形無形幫助我成長，有了硬底子專業基礎，到了保險經紀人自然很快就上手，甚至有比較突出的表現。如果沒有經過這一個過程，我可能也不知道原來我也能夠擁有開闊的天空。我覺得我現在所遇到、得到的一切，都是因為先前的關係，所以才會得到現在的成果。

人生都有比較，就像生病後，才知道發病前，那段健康的幸福時光；渡過低潮，你就會珍惜現在。對於我之前待在傳統保險公司的那段時光，我非常感謝，因為它讓我有了厚積的實力，現在到了保險經紀人，將服務人群這點更加極致的發揮。

對新進的保險人員來說，心中一定會感到十分困惑，因為當人換了個職業和環境後，過程中難免會懷疑自己是不是換錯了跑道？想著當初如果維持原樣會不會比較好？其實，會產生懷疑只是因為還沒開始行動，還不知道自己能在新環境中發揮到哪種地步。我對於我所擁有的一切抱持著感恩，因此不管我在哪間

公司，我的初衷始終沒變，我的目標就是為保險市場建立起一個良好的環境，讓所有人都能創造三贏的局面。

沒錯，不管是我、公司，還是保戶，只要在合適的環境當中，每個人均能從中受益。在保險經紀人公司，我們跟每一家保險公司都維持著良好的關係，這對保戶來說也是項好處，因為他們有了更多選擇，畢竟，不同環境、不同資源，能夠創造出的價值，也是以前我所沒有設想到的疑問。

3

多元選擇，推銷不再受限制

　　試想一下，一位業務員到底能夠銷售同一位客戶幾次？一次、兩次？還是終生「保顧」？客戶對於公司品牌又有所謂的忠誠度嗎？而且，保險關係著自己的一生，也算是大事，客戶在購買前，會更謹慎了。即使購買之後，還有十天的猶豫期可以反悔，所以保險業務員即便保單在眼前成交，也還是要做好售後服務。

　　客戶擁有自由選擇權，就算拒絕了上一家保險公司，還有下一家可以買！許多保戶也會因此貨比三

家，對不同保險公司提供的產品進行詳細的分析與比較，甚至向業務員詢問自己是否能享有「專屬優惠」。身為一位保險業務員，就只能慢慢等候客戶的答案。

再想一下，你所提供的產品究竟是不是客戶最屬意的那一款？或是在服務的過程中，是否有所疏失？這是業務員需要明瞭的課題。同樣一種險種，各家也會有差異。以最簡單的例子來說明，保單會因為性別及年齡的不同，而有不同的保障，各家在這部份設計的繳納金額也不同，就看保戶覺得哪個 CP 值對他們來說最高？

買與賣之間參雜著無數變化的因子，一位業務員到底能不能將這些變數穩定下來，達到成交的地步？這是每一位業務員在這條路上必須解決的功課。以一家四口的例子來說，究竟能不能讓一家四口全都向你購買商品？還是看著他們的保單成為聯合國？客戶都有自己的考量。為他們的保障，挑選他們想要的保單。保單可不是只價值幾百塊，衣服尺寸買錯就

算了，還可以送給別人穿，保險客戶思考的層面會更多，一旦投保了，這可關係到家裡經濟，畢竟每年，或是每個月也會因此多一筆支出。

業務員是否能讓客戶心甘情願，信任他、並且購買他的商品，除了本事，還要看你手上的商品夠不夠好？有沒有市場優勢？照單全收的客戶也太稀少。而我們在提供客戶商品時，也會思索客戶為什麼要購買？我手上的商品究竟有什麼優勢，足以吸引客戶？若是客戶只有一位，業務員想要奪得客戶的「芳心」，還得各憑本事，這時候，就得祭出客戶是否想要的商品了？

服務顧客的選擇性增加

以前在傳統公司的時候，公司推出了哪一項新產品，沒有喜不喜歡的理由，業務員就需要負責向客戶推銷那一項產品，也就是員工必須依公司的指令行

事，做足了銷售流程及反對問題的訓練，約客戶見面說明。可是現在不一樣，當我去拜訪客戶的時候，倘若客戶對我們所提出的險種感到不滿意，想要一覽其他選擇，那我們也能提供另一家保險公司的商品給他參考。這是在以前的公司，所無法做到的事情。這就是保險經紀人與傳統保險公司的主要差異：提供多元選擇以符合客戶各式各樣的需求。

　　以一個例子做為舉例，今天一個消費者到水果店想買蘋果，只能買國光蘋果，因為這間水果店它只進國光蘋果。顧客在這裡只能買國光蘋果，要不然就是去別家。那麼，這間水果店的老闆，就損失了一位潛在客戶。「不能滿足客戶的需求就是流失客戶的開始」一旦成為了保險經紀人，我所能提供給客戶的產品就更多元化了。就像在水果行，客戶今天不想吃國光蘋果，我就會拿出五爪蘋果，他還是不想要的話，我就拿出富士蘋果。「即便與最初的設定不同，最終客戶一樣買到蘋果」也就是客戶在同樣險種當中，我

可以提供的產品更多了！而這是以前所做不到的。

　　對客戶來說，他不會只有一種選擇，他可以挑選的機會更多了。對於業務員來講，能夠成交的機率也比較大。因為在單種選擇的情況下，唯有客戶願意購買，這名業務員才有業績和獎金能拿，但如果客戶對該項商品不滿意的話，那業務員就損失了一次的銷售的機會。

　　在我離開傳統保險公司後，我覺得我的力量突然變大了，因為我所能提供的產品不再侷限於原公司旗下的產品。因此，我必須將我的眼光放得更大，去了解整個保險市場的變化，不同公司的為什麼會推出這種的險種？畢竟在保險業那麼久，我們又是專業人士，所以在研究其他家的產品時，我可以很快就進入狀況，雖然險種很多，不過道理都是一樣的。以前我只會聚焦原公司，販售原公司的產品，現在會多方比較。回憶中的初戀總是十分美好，但若有機會，放眼望去總是會看見幾位不錯的對象。

市場的供給與需求

新事物固然很美好，但我也不是因此就貿然投入，因為那樣過於冒險。從接觸保險經紀人到正式進來參與，我也是花了一年多的時間，這一路的心路歷程，也是千迴百轉。就算以我多年的專業經驗，來到保險經紀人之後也是需要一段適應期，調整自我以融入新公司的新型態。

當我準備轉到保險經紀人時，曾想說通知一下我的既有保戶。一開始，我還在想他們會有哪些反應，出乎意料，卻得到他們的支持與鼓勵。其中還有人笑笑地表示：「其實，我買的保險不只有你那一家，也有其他家，甚至還包含向保險經紀人買的保險。」我那時候突然明白，即使是認為自己和客戶之間的友誼足以兩肋插刀，但現實環境依然是買賣歸買賣。今天客戶不管有再多信任一位保險專員，當他無法從該名業務員身上獲得滿足，就會去尋求其他業務員的協

助。這也是加深了我轉到保險經紀人的一個原因。

　　保險這個市場就是如此，當供給無法給予客戶的需求，客戶自然也會去想辦法買到他所想要的東西。就像剛剛舉水果行的例子，他如果在你這邊買不到富士蘋果，他去另外一家買不就好了？在保險經紀人，只要業務員夠認真做足功課，全盤了解各家公司所推出的產品，便能銷售。以醫療險來說好了，他手上同時有 ABC 三家的醫療險產品，當客戶覺得 A 家的產品沒有達到他的要求，業務員就可以再拿出 B 家的產品，還是不滿意的話，還有 C 家的產品可供選擇。說不定到了 C 家，客戶覺得滿意了，就成交了，而業務員也不會因為只擁有 A 家的產品，而失去成交的機會。不論是為了成交也好，或是為了服務也好，在供給與需求這一塊，雙方都可以受益。

更高的承諾兌付性

轉到保險經紀人之後，我覺得我的角色也跟以前不太一樣了。以前即使我再以客戶為尊，還是會有保戶認為保險公司對於客戶仍不夠誠實，或是保險公司會從中額外賺取利潤。雖然我試圖跟他們解釋，多數的客戶也能夠明白，但仍然會感覺自己與保險公司之間的關係依然是買賣家之間的對立狀態。

這部份的原因，或許是因為人們認為錢交給保險公司後無法看見金錢的流向，要不然就是對於保險的觀念不夠成熟，不了解保險的實際作用。畢竟，保險是在當你真正需要它時，它才會發揮作用，其餘時候就像個隱形的守護者，默默的守在你身邊。而現在轉到保險經紀人，我覺得客戶有問題的時候，業務員與客戶可以一起站在同一陣線。

保險公司業務員離職的原因有很多種，其中有一種最令人揪心，就是他想要幫客戶向公司爭取權

益，卻又無法做到跟公司對立，因為再怎麼說，他還是「員工」，但他又守著跟客戶兌現的承諾，所以在這天人交戰的情況下，他們只好離職了。業務員也是人，我接觸的業務員都想為客戶爭取最高權益，他們許下承諾了，但卻因為公司而無法守住承諾，這點總是令人感到無奈。

以前我在原公司的時候，業績一直都很不錯，所以保戶如果有任何問題，我都會努力去幫客戶爭取，上面的長官看在我的「績效面子上」在他們的權限內，也都會稍稍通融。也就是說，當我的績效優異，我的保戶也可能跟著受益，因為當我的業績不錯，甚至奪得第一名，除了客戶信賴之外，在公司裡也能夠得到一些尊重，這是有連帶關係。但是反過來看，那些績效平平不如我的業務員，當他們為客戶去跟公司爭取時，可能就沒有辦法如此通融，我自己在一旁看了也感到難過。

相比之下，保險經紀人不受傳統公司的束縛，

是真正的自由之身。如果客戶有問題，保險經紀人可以跟客戶站在同一陣線，去跟公司爭取客戶該有的權益。只要你於理站得住腳，傳統的保險公司就算有他們的立場，你還是可以發函給保險公司去據理力爭，而這些是在傳統保險公司所無法實行的事項。在公司裡，如果這麼做了，就很容易被貼標籤、被列黑名單。這不是保險公司才有，而是在大部份公司文化，常會有的狀況出現。

在我接觸保險經紀人之後，就發現它跟傳統保險公司的差異性，以前視為理所當然的常規，到這裡被打破了。原來，保險還可以有多元性，甚至向保險公司挑戰客戶權益的力量也無限大。這並不是說傳統的保險公司就不對，因為所有的理賠，公司都會有個評比，照著流程、規矩走，公事公辦，是很刻板的。而現在保經就是業務和客戶站在同一陣線，關係反而更緊密，還保留了更多的靈活性。

說白一點，對保險業務員來說，他現在不是傳

統保險公司的員工，因此，可以為客戶謀求更好的利益。定位不一樣，角色也不一樣，當然力道就不同，傳統保險公司的業務，覺得其它保險公司的業務員都是競爭對手，擔心客戶會被他人搶走，但是在保險經紀人公司則是所有的保險公司同業都是朋友，也不會有理由對特定公司抱持敵意。這項改變使得我看待保險的立場變得更客觀了，因為不管哪一家，我們都在銷售他們的商品。保險經紀人和傳統的保險公司差異自然還有很多，而這只是其中一小部份而已。

保持開放心胸，面對市場的轉變

　　以前在原公司的時候，身上掛著公司的招牌，出去見客戶的時候，那個招牌便是種榮耀。即便市面上流傳著公司的負面評論，我也不在意，因為我更在意的是眼前的事情是否做好，關心保戶的服務是否到位。當時，我認為個人的榮耀和公司的榮耀是共存共榮。

　　不過人在外面打拼，碰到的對象不可能全都是保戶，其中也會碰到同行。雖然彼此之間打招呼，但立場上依然是競爭對手，如果我沒有把握住眼前的客

戶，那這位客戶就會變成其他業務員的客戶。而且，市面上的每一間保險公司都想搶食保險市場的大餅，公司之間一定會互相角力。那麼，身為公司文化當中的員工，也就是像我過去的角色，對於其它公司會有些防範。

如果再遇到其它人抨擊原公司，那我可能就會據理力爭。雖然我一向秉持著與人為善的原則，但過去的我是所謂的「員工」，跟其它保險公司的人，是站在對立的立場上。然而角色不同，立場就不同。剛剛講的那些現象，現在都不存在了。

有一次我去拜訪客戶時，他剛好還有其他朋友在場，我們交換了名片。

我向他表示：「哇！我們是同事耶！」

對方笑著問：「哇！你也在我們公司嗎？」

我說：「不是，我們同樣都在做保險的事，所以我們是同事。」

對方聽了，也笑了起來。所有的關係全都打破，

也都重新建立。反正不是保戶，就是同事，人的關係是會變的，沒有所謂好或壞，而是立場不一樣，關係也就不一樣了。

我很慶幸過去做人還算不錯，現在大家也都很願意幫助我，除了保戶的支持，就連傳統保險公司也樂意與我持續合作。要是在以前，這種狀況大概不可能會發生。因此，我覺得自己在成為保險經紀人，多元經營的過程中收穫比以前更多，無論有形還是無形，都仰賴過去的積累的成果。俗話說：「一步一腳印」，一個人所有的成就都是仰賴於過去的種種努力與積累。或許，有些事物在以前看不到、聽不到，但隨著時機的來臨，就會自然而然地顯現在面前。當然了，我們也要隨時間調整自己的心態，放開心胸去廣納一切，或許你便會因此發現，周遭的世界早已變得與先前不同。

為客戶量身定製

　　與保險業務員相比，保險經紀人除了在立場上與傳統保險公司不同外，能為客戶提供的服務也更為多元，每一位客戶的保單都是依客戶需求量身訂製。我認為一位專業的保險業務員就像是製作高級禮服的裁縫師，會根據每個人的家庭背景，經濟能力而有所調整。保險需求並非都要高保額，但一定要有基本的保障。例如，牛肉麵和牛排同樣都是牛肉，可以不需要吃最高檔，但一定要吃飽才有力氣。保險也是如此，一個三、四十歲，是家裡的經濟支柱者，我建議他的保額要比較高一點，但也要看對方的經濟能力能不能負荷？有的業務員為了自己的業績，而想辦法讓對方保高一點，但如果這個保額超過他所能負荷，影響到生活開銷，也不是我們樂於所見，在這部份可以協助他做個調整。「先求有，再求好」，起碼有個基本保障。

除了個人的需求外，我還會關心他周遭的人、事、物，像是孩子、車子，盡量為他們做個妥善的保障。以前在傳統保險公司時，我只能利用公司內部的產品為客戶搭配置，但現在成為保險經紀人後的選擇性更多，可能是 A 家的失能險搭配 B 家的醫療險，對保戶更有利。如果客戶不喜歡 B 家，還可以提供 C 家。對於客戶來說，他們所擁有的保障有更多的選擇性，就像你上半身穿著范倫鐵諾的衣服，不代表下半身就不能穿三宅一生。只要有張保單符合任何一位客戶的需求，它就會是一項好商品。以前在傳統保險公司時，如果公司有了新商品，我就拿著這項新商品宣傳銷售，感覺有點像是亂槍打鳥，缺乏明確的目標。

　　現在就不一樣了，既然我的手中有這麼多的選擇，就能夠主動為客戶量身打造最適合他的商品，由人的條件來搭商品，而不是由商品搭配人。以前我銷售保險產品，有的客戶會覺得那是我幫他物色的商品，如果他感到不夠滿意，心中難免會產生怨氣。在

保險經紀人公司，同樣的醫療或意外險商品，我會針對他的需求和預算提出幾款商品讓客戶選擇，每一家保險都有自己的優勢與特色，就看客戶看中哪一家？這時候，客戶就會覺得自己主導商品的挑選，而非業務員刻意選擇。

每個人在購買商品時或多或少都希望有主導權，也就是，在這種狀況之下，客戶會覺得選擇權是在自己身上，而不是屈就於業務員所能提供的單項產品，這也是我來到保險經紀人之後，感到很大的不同。甚至可以說，在這種狀況下，客戶的參與權更高了。

良性的保險循環創造三贏

估且不討論保險公司和業務員的改變，我覺得客戶端在這十幾年中也在陸續覺醒，並透過保險公司不斷傳遞觀念，客戶們也逐漸了解到保險成為人生後盾的重要性，這是件好事。以前有些客戶買保險時須避

開家人注目，現在都可以大方的談保險。保險市場在成長，客戶也在成長，這樣保險市場才會往良性的方向出發，人們不至於遇到危難而手足無措，因為有保險做為你的保護傘，而且這支保護傘不是只有一支而是有多重的保護。

我曾經有一位客戶，他在很久之前就向我買過保險了，有一次，另外一家傳統保險公司的業務去跟他推銷，我那位客戶反而跟他提起我賣給他的保險，結果那個業務員看了我賣給客戶的保險之後，那名業務員也主動連繫上我，甚至向我購買保單。我覺得這是非常好的緣分，雖然有時候會被客戶調侃業績都會被我們拿走了，但我會覺得往往付出與獲得就像翹翹板一樣，很難取得平衡，付出一些賺到滿滿的保障。又能存錢順便幫客戶保平安，何樂而不為？不管是我們賣給客戶保險，或是客戶幫我們推薦，雙方受益，這就是一種良性循環，也是種愛的延續。

在保戶、業務員、公司的三角關係中，不論這個

公司是傳統的保險公司還是保險經紀人，三方的關係是不變的，在這三者當中，構成了龐大的保險市場，每個人都可以將「保險」的美意傳遞下去，創造三贏，形成一個互助的社會保障。雖然我只是從事保險，也一直在保險這條路上，但透過保險的力量，可以再將它擴大，不管是為自己或是他人，都能有不同的貢獻。如果我能將自己的能力，還有共事的夥伴培養得再更壯大點，或許，以「善」的意念，能夠稍稍影響這個社會，這也是我個人的一點期許。

第三章

打造保險經紀人
品牌效益

1

建立信賴關係，創造雙贏局面

　　在銷售一項商品前，我都會先了解對方是否給予我充足的信任？當然，我肯定自己手上的商品絕對物超所值，然後展現出個人的特質與魅力，並思考自己該如何向客戶表達，讓對方容易理解。不然，若對方不信任我，那麼不管我手上的東西再好、評價再高，對方也不會買單。「信任」，是買賣的過程中，非常重要的媒介。

　　同樣一件商品，為什麼有些客戶總是會向特定的店員或業務員購買？那是因為那位店員或業務員獲得

了客戶的「信任」。同理，客戶之所以相信你所提供的產品或服務，就是因為相信你這個「人」。因此，不管我在傳統保險公司工作，或是轉到了保險經紀人公司創業，保戶相信的不完全是公司，而是我這個「人」本身。我明白這一點，這一路走來，我也一直很珍惜客戶對我的信任，我知道，錢沒了，可以再賺；但缺乏信任，什麼都沒了。沒有信任的人做不了任何事，這項信念讓我不管做什麼事都始終堅持著和保戶的約定。

在保險這個行業裡有項不成文的習慣，就是業務員每年都會將月曆、桌曆等小物品送到保戶家。這種東西家家戶戶都有，價格便宜且容易購買。然而，透過送月曆，業務員一方面可以跟客戶再一次面對面，做個寒暄，增進感情。再者，有些保戶在買了保險後，會因為經歷生活種種大小事，忘了當初自己購買了哪一些險種的保險。此外，每個人的生活中總是有一些變化，例如：結婚、生子、買車等，需要多種保險

作為規劃。藉著送月曆的機會，業務員也可以趁機幫保戶復習或是審視現有的保單，看它是否還有不足之處，需要補強的部份。

例如，有些人在年輕的時候買了保險，經過幾年後他結了婚，有了家人。這時候，保額的部份就需要特別注意。如果他出了事故，保額有沒有辦法去保障到他的家人？所以有時候客戶會向我表示：「只是送個月曆而已，幹麼不請助理來送，而是那麼費功夫？」然而，我還是堅持親自將月曆送到客戶家，甚至就連腿斷掉的時候，也要親自拜訪。

腳可以斷，服務不能斷

在我保險的服務生涯中，有一意外事件真實的發生在我身上，也成為我人生中一段有趣的歷程。記得有一天公司內部要舉辦慶生會，當時由我負責該月的活動籌備。在購買蛋糕的過程中，我買完蛋糕後剛

走出店門口，誰知道腳下只是一個踩空，腳踝就骨折了！

那一天又下著毛毛雨，而我剛好又穿著裙子，在跌倒之後，腿斷了站不起來，也不知道該如何是好。我跌坐在人行道上，心裡覺得很不好意思，手上剛好有雨傘，我乾脆拿雨傘遮住了臉。這時候，載我來到蛋糕店的同事覺得奇怪，想說：「明明看到我拿著蛋糕走出來，怎麼突然人就不見了？」他就決定下車尋找我的行蹤。

她看到我的時候，我人還坐在地上，她一邊小跑步朝我過來，一邊問我：「李姐，你怎麼坐在這裡？」

「我腳斷了！」

「怎麼可能？你在開玩笑嗎？」

「真的！」我特別加重語氣。

當時，我還不是先關心腳部受傷，脫口就是：「怎麼辦？我不能去荷比法了！」由於公司先前才提供員工出國旅遊的獎勵，對於許多人而言可說是千載難逢

的機會。然而，我卻因為這個意外而錯失了機會。正當我陷入自責之中時，同事的聲音將我拉回了現實。

「你還是先煩惱你的腳能不能走吧！別再想荷比法旅遊了！」那時候的我還沒去過歐洲，為了能夠去荷比法，我盡心盡力的服務客戶，終於達成了獎勵，卻沒想到意外竟然在這個時間點降臨。還好，由於職業的關係，我很久以前就替自己買了醫療險保單。在腿骨折了後，我不用煩惱所有醫療支出，還能得到優質的醫療服務，只是工作部分就只能暫時放下。雖然那時斷了腳，還裝了八隻鋼釘，但是答應客戶的事情要做到，所以為了準時送年曆，我請了一位看護協助我，於是那位看護就跟著我到處走。

我平常走路，包括去復健的時候，都還得柱著拐杖，但若開車門，上上下下的話，對我而言就真的太困難了。所幸，受傷的左腳不會對於駕駛產生影響，因此我還是能夠自己開車，載著外勞陪我去做復健呢！這時候外勞就成了我另外一隻腳，在我開車到了

客戶家門口，請他幫我將月曆送給客戶。

客戶收到月曆，只看到外勞，就會問那我人呢？要不然就是說，「春英不是腿斷了嗎？怎麼還來送月曆？」那時外勞都跟客戶說：「我們家小姐說，腳可以斷，服務不能斷。」由於客戶看到我的堅持，無形中，就對我更加信賴了。我與客戶的關係都十分良好，有的客戶知道我的狀況，來拜訪我的時候也更能體會到意外無所不在的道理，對於投保的意願也更高了。口碑是靠服務建立，因此我即使在家中休養依然定時與業務夥伴開會，也會隨時注意公司的動態，並隨時將商品的發售與更動通知客戶。就算行動不方便，服務依然不能中斷。

成為客戶依賴的對象

在我腳受傷的那一段時間，反而成交了幾筆不可思議的保單。甚至有客戶站在門口等我到了，到我

車上簽下保單，告訴我早點回家休息，我相信那些願意和我買保單的客戶不是因為看我可憐而成交，而是看到了我的努力，即便在腿斷的時候，也依舊為了服務客戶而用心，這才是關鍵。我覺得人與人之間就是「互相」，我為客戶著想，他們才會願意關照我、信任我。像客戶遇到問題，只要我能幫他們解決，就會立刻幫他們解決，就算當下無法解決，也會替他們想盡辦法。當你替客戶解決了問題，他自然會願意相信你。

我覺得這是一種將心比心，如果我在他的立場，當我需要他人幫助時，我一定會認為這時願意主動站出來幫助我的人一定是一位值得信賴的人。我不需要他一年 365 天，一天二十四小時，每分每秒都在我身邊，而是當我遭遇麻煩，需要求助於他人時，有人可以快速地幫我解決眼前的問題。

在一例真實的案例中，一位小姐在開車的過程中出了一點小車禍，那位小姐相當心急。當下，她想

到自己有一位朋友正巧在一家保險公司上班，就打電話給那位朋友，希望可以從他身上獲得一點協助。然而，那位朋友的回應卻十分官腔，要她遵照警察所提供的流程走調解程序，並沒有給予其他建議或關懷。當然，那位朋友的回答十分標準，對一間保險公司而言，一點小車禍、一點小傷口，當然不是什麼大問題，並不值得大費周章。不過對那位小姐來說，當下她所需要的並不是實質的協助，而是心靈可以依靠的對象。

後來，那位小姐決定打電話給另一名業務員朋友。雖然車子沒有投保該業務員公司，不過那名業務員仍陪著這位小姐跑警察局、做筆錄、與對方商量後續事宜，同時也在過程中持續關心這位小姐的的情緒。自從這件事後，這位小姐也積極幫那名曾經協助過她的業務員推薦客戶，並將這段事蹟告訴其他人，那名業務員的服務有多好，甚至連聽到一旁的陌生人需要保險時，這位小姐也會主動宣傳這段事蹟。

很多時候，事情容易解決，但信任卻難以建立。因此，有些客戶只要一認定一位業務員，就會一輩子跟著他。例如，這位客戶年輕時保了壽險，在結了婚，有了家室後，便會找同一位業務員購買其它險種。或許在那當下，他早已認識了許多位業務員，但在同樣的條件下仍會傾向於尋找自己熟悉，值得信賴的對象。身為業務員的我們，能夠協助客戶的就協助，不能協助的就幫他想辦法，如果真的想不到辦法，也誠懇的說明原因，誠懇的「態度」也是決定一名業務員能否成功的關鍵？

　　如果你把客戶擺在心上，客戶自然也會想到你，不要說保險業務，就像是一般的鄰里關係也是如此。「將心比心」，可以快速的建立信任感。當你在客戶的心中，建立了一定的信任度，那個地位是他人無法取代的，當客戶有什麼保險的疑問，第一個想到的就是你，在這種時候，你才有機會建立個人的專業與威信，而唯有信賴關係建立，才能創造出雙贏的局面。

公司與客戶之間的橋樑

無論是何種形式的交易或買賣，都與「信任」息息相關。信任關係做的好，口碑有出來，也才能夠借力使力，否則一切都是空談。想一下，為何購物台在推銷商品的過程中為什麼會請見證人登台？正因為觀眾沒有實際使用過，不知道這項產品的品質如何，用起來能產生哪些實際效果。如果這時候有名人或是醫師擔任見證人，或是專業人士出來拍胸脯掛保證，消費者買單的比率會更高。保險跟其它產品比較的話，它吃虧在沒有立即性，不像人家說得過冠軍的牛肉麵有多好吃，就能夠立刻品嚐到。有些人搞不好一輩子沒有動用到保險，直到事故發生，才讓他的家人感受到保險的好處。同理，保險業務員從工作中獲取酬勞是一件十分正常的事，但客戶的需求要擺在利益之前。

「信任」是一種個人品牌，人品的好壞決定了人

脈的廣度。如果你今天做人失敗，他人便難以相信你的話語。如果一位保險業務員想要創造良好的業績，除了手上有很好的商品，還要做出自己的口碑，人們自然而然會找上你，業績也會跟著而來。

我有個朋友的先生，他很討厭推銷的業務員，只要看到業務員敲門，就不打算給人家好臉色，因為我跟這位朋友很熟，有時候我會去串門子，她先生見到了我一直都是笑笑的卻不曾表示不悅。原本我對於這件事一無所知，當我朋友跟我這麼說時，我也很詫然，反問為什麼得到他先生的友善對待？朋友說他先生認為我不像一般的業務員，我比較像朋友，一個值得信賴的朋友。這件事讓我也有感觸，突然覺得之前的付出都值得了。

前面章節我提到「借力使力」，同樣的，當客戶對你建立起信任感之後，便會為你做引薦，甚至替你做擔保，這也是種「借力使力」。很多人需要保險，但他沒辦法去全盤了解保險公司，而我們就是保戶

和保險公司的橋樑，這個橋樑要穩定，那麼，不管業務員在何處就職或服務，都有不錯的成績。撇除掉所謂業務員和保戶的角色，珍惜每一次人與人之間的接觸、相處，感情之所以珍貴，在於用「心」交流，你會發現，自己所「賺」到得比實際上更多。

　　無論是人們以溫暖的握手，熱情地歡迎我踏入家中，或是開口就喊我「春英」，都讓我非常感動，甚至「春英姐」、「春英阿姨」都讓我覺得，我才是最受益的那個人。想要與客戶建立起長期的良好關係，就必須先贏得客戶的信任，利益只是一時，友誼才是一輩子。

2

客戶就是最好的品牌代言人

在開發客戶的過程中，你能掌握自己客戶來自哪裡嗎？那些所謂的「潛在客戶」，除了在一旁默默觀察你的人，有些則是透過你現在擁有的客戶來認識你。也就是說，客戶其實是你最好的品牌代言人。

我有碰過一次有趣的例子。有一次，我接到一通電話，對方聲稱是來自某間宮廟的負責人。我當下聽了覺得莫名其妙，腦中不斷思索有哪一位客戶或是朋友曾經宮廟或是宗教界做事。當我釐清事情始末之後，才知道原來是自己之前發給客戶的名片當中，有

一張被客戶交由當時正在考慮買保險，卻不知道自己該買哪一家公司的宮廟負責人。那一位宮廟負責人便將一疊從信徒手中取得的名片拿去擲筊，結果我是最多聖筊，就這樣選中了我。

我知道後也愣了一下，心想：「客戶會在什麼時候，什麼地方找上我，真的是一件說不準的事情，原來我是被擲筊擲到的」我分享這個親身經歷的故事用意在於，客戶有時候真的不知道會從什麼地方冒出來。但重點只要耕耘的夠深、夠久，許多即使沒有深交，或許久沒有碰面的好友、或是不常碰面的客戶都會成為你潛在的品牌代言人。

許多認識我的人聽到這個故事，都會打趣說一切都是神明最好的安排。我更相信的是，這個世界上除了有一股無形的力量在幫忙我之外，另外有位神明叫「努力」無時無刻鞭策我向前，才會有今天小小的成就。不管是這個真實故事裡的神明，或是在我看不到的時候，我所服務的那些客戶，全都在幫我默默做口

碑，這證明了一分耕耘一分收獲這句話最佳的佐證。

客戶心目中的第一順位

　　許多客戶跟我見面的時候，大多數不是談保險，而是聊生活。對許多客戶而言「保險」買再多，也不如生活過得多彩多姿。我與客戶之間可說是無所不聊，從最近發生的大事，或是生活週遭的小事。只要他們想找我喝一杯咖啡，我都會空出時間和他們聊天。而且，我發現客戶在和我見面的時候，坐下來大部分的時間都沒有在對談，更多時候客戶是在找個人「傾聽」一個不需要太多回應的傾訴。那些他們無法跟朋友、家人說的事，會跟我說，除非真的忙碌，我就讓他們一一訴說，好處是這些聽了「不可以告訴別人的話」到我這就停了。

　　我知道他們是完全信任我，才會吐露這麼多。就像前面提到的，「聽」比說還要重要「有些話真的是

聽下去不能流出去」。我跟客戶之間不是只談保險，如果只談保險，那真的只剩下功利。與其說行銷，不如說，業務這工作更要懂得「做人」。我也向客戶表示，有什麼事都來找我沒關係，只要在能力所及的範圍內，我都會盡力想辦法解決。

得到客戶的信任，幫他們解決專業問題，讓你成為客戶在遭遇相關問題時，心目中的最佳人選。我時常覺得，我們在跟人談保險的時候，同時也在跟人建立信賴感。你的一舉一動、一言一語，是否在客戶面前展現出來合格業務員的表現？行銷並不是只是達成成交目的這麼膚淺，也不只是透過這項技術或專長為自己帶來財富，而是能夠幫助人解決問題。這些因為你的專業而解決問題的客戶便成了你的品牌代言人，即便是當下不能成交的客戶，也因為你落落大方的表現對你讚譽有加。

就像家裡漏水了，如果你找的水電工不僅態度良好地幫你解決漏水的問題，甚至還花時間幫你免費檢

查家中其他管路的狀況。這些貼心的服務雖然無法為他在當下創造出更多收益，但之後當你的左右鄰居需要水電工時，你會不會推薦他？當你找到一位會對症下藥，並主動關心你恢復狀況的醫生，等你復原時，你會不會幫他推廣、做口碑？其實，這些都是很簡單的道理，當你用心地對待他人，他們也會以不同的形式回饋你。只要客戶數量累積起來後，就會形成一個龐大的人際網路，不管是你幫助他們，或是他們來協助你，只要你夠了解這個人際網路，盡量拓寬、拓展，讓每個人的能力都能夠彰顯，就能夠讓大家互相為貴人。

彼此幫助互相為貴人

想要在這張巨大的人際網路中擔任連貫的角色，就得經過時間的累積與考驗。這段過程也許需要一年、兩年、三年甚至更長，但時間久了總是會達到。

與其他行業比起來，業務員是種隨時隨地都能夠接觸到各行各業的靈活角色，不管是在太陽底下辛勤工作的藍領階級，或是在辦公室裡絞盡腦汁的白領人士，都有機會接觸得到。

這些人各有不同的專長，你可以透過他們，學到不同的事物。並不是要你跟著這些客戶去學他們的專業，除非是你本身就有興趣，要不然了解這些在各行各業工作的人，他們究竟在自己的行業紮得有多深，這一點也就足夠了。如果能夠再跟他們好好的認識、接觸，最好是有平常互通有無，你會發現，你的手上有很龐大的人際網路。

假如客戶的小孩蕁麻疹發作，你在探訪的時候，會想到曾經有過，哪一位周遭的朋友碰過同樣的困擾，但是後來解決了，因為有了前面完善處理的案例，於是你打通電話，協助客戶尋找解決的方案？當他將醫生介紹給前面那位客戶，這不是幫客戶解決了問題？或是你有客戶準備娶媳婦，正在思索哪間餐廳

比較好？你想起你另外一位客戶正是餐廳的經理，於是幫忙這名客戶找到適合的餐廳，兩相互惠、皆大歡喜，豈不開心？

在這些串連當中，雖然你不是在做保險，這些看似也不關你份內的事，但如果把這些無關保險的事情串連起來，成為客戶需求的平台，比 Google 更管用、更有準確度。不只能協助客戶，還贏得了口碑。當你用心幫客戶解決了問題，客戶也會回報你，想辦法解決你的問題，在這人際網路當中，每個人都是需要依賴每個人，大家互為貴人。這些人本來可能彼此並不認識，散佈在社會的不同角落，因為你的關係，而將它們串連，並且發揮不同的力量。而這些來自四面八方的力量，也都是你用的上的力量。

更重要的是，在你想要建立一個貴人圈之前，你有沒有真正的認識、熟悉你身邊的這些人？你有沒有了解到他們的需求？還是保單成交之後就離開？跟人交往，不是一定要從這個人身上得到好處。結交客

戶就像是在交朋友。朋友有需要，自然會為他設想方法。你這個人有沒有被推薦的價值？都取自於你平常的處事做人，值不值得被信任？如果你真的想累積財富，不妨將自己成為一個平台，當客戶需要資源的時候，第一個想到你，行銷的路自然越走越廣。

當然了，幫助人的時候，也要衡量自己的能力，有能力助人最好，如果本身條件不足，也不需要打腫臉勉強自己。有心想要幫助人，那就學著將自己的力量壯大，這裡所謂的力量不只是人脈，還包含了你自己本身能不能夠趨動事情的走向。

就像你如果想辦一個公益活動，即便你有認識的大企業家，能不能說服他給予優惠的價格或是贊助，這真的得看你的本事。你所說出的話，或是你的為人是否值不值得他的信任，值得他去做這場活動？我相信很多人都有心幫人，只是能力不足，如果能夠從各方面提升自我，能力強大，能夠推動事情的走向，那幫人的意願也更高。人自助而天助，當自己開始幫助

他人時，不僅能拓展自己的能力與能耐，別人也會願意在你有需要時伸出援手，一同突破眼前的難關。

口碑，從自己出發

我有一位客戶在看病的時候，請醫生開診斷書，就跟醫生聊起來，並提起我向他推薦的保險。結果，那名醫生剛好最近才結了婚，產生了新的保險需求，那名客戶便主動將醫生的電話號碼給了我，希望我能夠跟他聯絡。在得到醫生的號碼後，我主動向醫生連繫，最後也成交了保單。不只如此當那名醫生後來有了小孩，連小孩的保險也是找我規劃。不得不承認，人際關係真的很重要，因為我與那名醫生之間產生的緣份，就是從人際關係開始連結起來，才能成為我的客戶？我想，應該是那名客戶替我說了許多讚美的好話，才有後續好的結果。

類似的例子不只一樁，每一樁都讓我覺得能夠受

這麼多客戶的喜愛，非常感動。當我在服務客戶的時候，想的並不是他能不能為我做口碑，我始終認為，人只要盡量做好自己的事情就好了。有能力助人，就助人吧！很多事情對我們來說不過是舉手之勞，又剛好有那項資源，就幫對方渡過難關吧！

　　我曾思索過，這些年當我在跟保戶談保險的時候，心裡想的是如何提供客戶最好的服務，讓他覺得自己所得到的不只是紙本契約的保障。這份初衷反而成了最強的宣傳效力。其實，客戶總是比表面上看起來有智慧，他們會挑選對他們最適合的人或事，同時也愛分享，分享他們看到、體會到的感動，而這分享的力量超乎你想像。有些客戶曾向我表示，說我是他們的貴人，因為當他們在出了事情，需要保險時，就知道我為他們當初的保險規劃，正符合他們的需要，而不是只為了業績。其實在我看來，他們才是我的貴人，常常為我引薦，讓我得以發揮好自己的角色。

　　這一路走來，很感謝家人一路的支持，記得在入

新居的時候，我邀請我的兄弟姊妹，還有幾個比較親的家族，約 100 人，當時我 96 歲的舅舅看到我有這般成就，逢人就講：「春英真是我們家族的驕傲。」我心想：我何德何能，能讓一位 96 歲的長者引以為傲，當然一個人的努力被看到，不管外人或是親戚，都會幫你宣傳，做的不好，人家也會幫你宣揚，而且保證傳得更快。這讓我更堅持自己的信念，只要扮演好自己的角色，做一切我們該做的。不管你隸屬於傳統保險公司，或是保險經紀人，你的口碑，就是公司的口碑；你的名聲，就是公司的名聲。好的口碑和名聲，會宣揚出去，同樣的，壞的也是。

貼近人心，以服務取代行銷

　　業務員最主要的工作是什麼？沒錯，就是銷售。不管是清潔產品的業務員，還是電腦的推銷員，或是化妝品的專櫃小姐，主要的工作都是「**把倉庫的商品搬到客戶家**」，雖然商品不一樣，但工作本質卻是相同。

　　保險業務員的工作當然也是銷售「**把滿滿的愛心帶到客戶家**」，差別在於保險是無形的，保障卻是有形的，保險的價值除了讓客戶心安之外，更重視業務員的售後服務，業務員因客戶不同需求搭配適合的商

品給客戶，商品因內容不同繳納的期限不同，客戶擁有的保單內容時間越長，相對業務員服務的時間也就越長，特色是保險的商品在客戶發生事故或客戶平安度過一生，都能給予充足的保障。

因此，業務員總會將保險銷售給具備保險觀念的人，對於沒有這種觀念的人，除非有契機，否則很難向他證明保險的好處。就像一個整天外食的人，就算你一直跟他推銷鍋子有多高級也沒有用，除非他哪一天想要下廚。然而，這種沒有保險觀念的人並非絕對不會買保險，而是需要一個機會證明。

我在很久以前，曾經幫一位維修廠的年輕人規劃保險，當時我的車子出了點問題，送去維修，修車廠告訴我需要一個小時時間，我算算來回差不多，索性留下來等，等的時間也沒閒著，就跟維修廠裡的小師傅聊起來，那名年輕人聽了我的話，表示要為自己投保醫療險。不過，由於那名年輕人未滿二十歲，因此保單上面會需要法定代理人的簽名。當他告知父親自

己要投保這件事情後，他的父親暴跳如雷，認為自己的兒子被我騙了，氣沖沖地要我去他家做說明。我當時心想著：「錢財小事，親情大事，不要為了一份保險讓父子之間的感情出現裂痕。」就讓這件事情暫時告一段落，即使那位年輕人因為父親的緣故不能成為我的客戶，我依然時常傳一些保險相關資訊，一直與他保持熱絡的連繫。

幾個月過後，我接到了那名年輕人的電話，並於急忙之中趕到醫院的病房。原來，他出了意外事故，需要一筆不小的醫療費用。這時候，父親也在一旁，而那名年輕人則大聲嚷嚷：「我就說春英姊不會騙我，當初若是有投保，我們現在還會為了這筆費用煩惱嗎？」面對兒子的指責，父親也只能低著頭悶不吭聲。我一方面安撫著他們父子倆的情緒，另一方面為那名年輕人的傷勢輕微感到欣慰。

後來，他們父子倆都主動跟我買了醫療險，更想不到的是，那位父親逢人就說醫療險的重要性，並且

說如果要保險就要找李春英。這項舉動讓我感到十分詫異，也感到欣喜，也和他們成為好朋友。我一直覺得保險是在做善事，在必要時刻，它能夠發揮並且讓人感受到它的價值。而我更開心的是那名父親的觀念轉變，透過他的推廣，保險將因為他而造福更多人。在這段過程中，我也發現透過良好的「服務」，即使你不用拿著大聲公到處嚷嚷，也自然能建立起口碑。

維繫客戶的價值

任何一位保險業務員，手上多少都有客戶，少則數十、多則數百，像我到目前為止，手上就有四千多名客戶，而這四千多名客戶之中，我不敢說每一位都常常親自拜訪。如果如此，一年三百六十五天，我就算跑上十年也跑不完。這些客戶，有的是我的舊客戶，有的是新保戶，有的是保戶的家人，或是由保戶延伸出來的轉介紹。這時候，建檔就很重要。我自己

會將保戶的資料做個整理，在逢年過節或是特別日子的時候，打個電話或是發個簡訊問候一下，當他們有需要服務的時候，我就會出現。保險的價值，最主要還是在「人」，這是我一直不斷強調的重點。

以「人」為主，再從人出發，最後就能夠透過人，而得到回饋，你是在服務人而不是商品。透過有系統的連繫服務，你的市場就會慢慢擴大，一個、兩個、三個……最後就建立起你的客戶群。想要跟其他公司的業務員競爭，最好的方式就是服務好你原有的客戶。就算你明白你的產品很好，你自己的服務也很好，但你一個人講跟十個人講，效果自然有差。這和你自己到處去說，與十位向你買過保險的人幫你宣傳，那又不一樣了。

「不用自己行銷，讓人為你行銷。」在這塊上，其實有很多的小技巧，逢年過節問候一下，或是日常也可以問候。我的客戶很多都是生活周遭的人，所以我外出的時候，幾百公尺可能就是我的保戶，點個

頭、微笑一下，或是講個話，都是維繫與對方的情感。就像我到自助餐吃飯，也會跟老闆娘聊一下，她知道我在做保險，有時候也會詢問我一下保險相關的事情，我會樂意為她解答。我在日常生活中，就在做保險，我會跟周遭的人問候，關心周遭人發生的事情，看他們是否有需要我的幫忙，憑著經驗提出我的建議，時時刻刻以分享的態度去面對人們的需要，用積極的心面對保險，用平常心面對客戶，只要努力付出不必成天患得患失，我覺得「生活」即是保險。

視客戶的問題為自己的問題

以前我的電話幾乎是 24 小時 STAND BY，幾乎只要客戶有事情，我就會立馬回應。這事被公司協理知道後，還曾被訓一頓，甚至對我說：「你這樣子工作還能保有自己的時間嗎？」我明白協理是為我好，因為一些事情之後，我試著重新調整了自己的腳步。

雖然不再隨時 24 小時守在手機旁，但服務不打折。我的保險核心很簡單，就是「服務」。

在我斷腿的那陣子也是秉持著「腳可以斷，服務不能斷」的態度，將月曆親自送到每個客戶的手上。我曾經有客戶車子不小心與人擦撞，車身凹陷一塊，就車禍事故而言，其實事情非常微小，不過他還是先打電話給我。我當下第一個反應，就是直接問他怎麼先跟我連絡，而沒有在第一時間先打電話給警察呢？這才是車禍的正確流程。對方卻跟我說，有你在，我比較放心。聽到這麼窩心的話，我放下手上處理的事就直接過去了。既然我的存在能讓人感到安心，那我便欣然以赴。於是，我跟著他一起到警察局寫筆錄，包括和解、協商過程等，我都在場。後來我發現我再次跟客戶見面，即使那個客戶不在家，他們家的人也都很熱烈的歡迎我的到來，我在這個客戶的家族中，似乎占了一些份量。

透過這樣的服務，漸漸地建立起自己的口碑，雖

然保險業務員最後的目標還是銷售，但客戶樂意接受建議商品與半推半就的購買，成交的感受及過程卻不太一樣，這之間的重點在於業務員平常的服務是否能讓客戶感同身受，才能讓客戶與業務之間保持零距離的關係。

保戶投保與否是看公司的招牌還是看個人的品牌？如果公司招牌夠大、口碑夠好，業務員服務的也到位，那麼保戶就會樂意跟隨。如果公司招牌夠大、口碑夠好，但業務員的服務卻不怎麼樣，保戶寧願換人，反正公司內還有其他位保險服務人員可以選擇。至於公司的負面新聞不斷，保險業務員如果想生存的話，就得靠自己的個人品牌。

前幾年有位轉介紹的客戶打電話來，我並不認識他，直到他提起一個我舊客戶的大名，我才驚覺有可能電話是舊客戶讓他打電話給我的，當我問他有什麼可以為他服務？他回我，他要買保險，我很少在電話中詢問客戶需要買什麼險種？就像很少人打電話來，

開口就要買保險一樣，直到我與他見了面，講解保單內容，簽了保單，我的新客戶才搞清楚我是任職哪家保險公司的。

在我站起來要離開時，客戶忽然開口問我，「我買的保險內容和我那位朋友一樣吧？」我才明白客戶當下還是不了解自己買了什麼？一心只想和那位客戶一樣內容而已，雖然客戶表明不用再講解保險的保障，不過我堅持要留下來花 30 分鐘讓客戶了解自己買些什麼？我告訴他，我很謝謝那位客戶的介紹，但你不能輕易放棄知道自己保險內容的權益。

由於我靠著服務，建立了口碑，因此到後來的保險經紀人公司，依然很多舊的客戶找上我，我也願意幫他們服務，視他們的問題為自己的問題。當你把客戶視為自己的朋友、親人，發自真心誠意的關心，不論他們發生什麼事，你都會有動力前去幫他們解決，那份關懷，保戶自然能夠感受得到。

用客戶懂的語言

對很多的客戶而言，「保險」是個專業而艱澀的境界，就算觀念再好，保險的世界裡，牽扯到很多相關的法條，還有變化。像是遺贈稅跟保險之間的關係，還有銀行的存款利率下降，隨時都影響新的保單問世遞補舊保單，一般的客戶在面對保險時，就算心中有問題，也不知該從何處問起。假設有一位退休的老農民，他想將退休金放到保險，要怎麼跟向他解釋哪一項理財工具對他比較適合？市場上所謂的基金、股票、黃金，究竟哪個適合他？

「這項理財工具很賺錢，每個月都可以從中領到利息。」許多老人家在聽到這句話會感到很滿意，但「賺錢」的部分是建立在哪項基準點上？是否設有保本機制？其中的利息是否包含本金，他會不會因此反而吃虧？這都是業務員所必須跟客戶所說明的細節。找尋適合客戶的產品，而不是只為了賺取傭金，利用

包裝精美的辭彙，說得天花亂墜，若讓老人家吃虧，良心上也過不去。保單上面的專有名詞、法律用語，理賠時候的保障，務必要講清楚、說明白，保戶有問題就讓他發問，如果沒有問題也得再問一次有沒有哪裡不清楚？寧願他在清楚之下才購買，而不要一次性買了一、二十年期的保險，後來卻發現不適合自己，這對保戶、業務員來說，都是種損失。

他覺得損失的是金錢與對你的信任，而業務員損失的則是口碑與聲譽。一般聽說「售後服務」，但我覺得在售前就要開始服務了。專業的保險業務員要了解一些事，你所明白的，不一定代表客戶也明白，在走上專業之路，保險業務員都取得了證照，這證照同時也代表了一定的責任，也區分了普通和專業的區別。專業的保險業務員在服務保戶時，必須用客戶聽得懂的語言，讓他們明白他們所承保的內容。

我的服務，在保單說明之前就開始，不將成交視為目地，以「服務」取代行銷，你會發現，保險的路

越走越寬。業務員是個良心的事業，不論他銷售的商品種類為何，把最合適的商品推薦給客戶才是業務員的使命。

4

從推銷到行銷——自己的定位

　　許多人曾問我，推銷跟行銷的差別在哪裡？我認為，推銷是行銷的基礎，如果連推銷這一關都過不了，那就不用費心談到行銷了。就我長期經驗看下來，很多人從推銷員轉變到行銷員的這段時間，就放棄、失守，離開保險這個行業。許多人剛踏入保險業的時候，興致勃勃，認為保險可以帶給他光明燦爛的未來，也有人雄心壯志，覺得可以有不一樣的未來，滿腔熱血的投入。然而，現實是殘酷的，信心會隨著一次又一次的挫折而消減。同樣面對挫折，心態取決

了一切。從內在來看，一個業務員如果不知道自己的定位、自己的價值，這條路就會走得很困難。

　　「你想要一輩子賣東西？還是透過行銷，來壯大你的事業？」或許有人會好奇：「這兩者到底差在哪？」首先，你得先知道自己的定位在哪裡？如果將自己定位成一位賣東西的店員，那做的事情永遠就侷限於商品的販售；但如果把保險當作是個人的事業，把自己當成一位公司的「老闆」，那隨之展現的思維與行動就會有所不同。以前有部分傳統公司，不管什麼樣的商品都推出，醫療險也賣、意外險也賣，塔位也會賣。保險服務的不只是活人，還有過世的人。反正有什麼就賣什麼。那麼，你想當一位永遠在「賣」商品的店員，還是透過「行銷」來打造代表你的個人品牌？

　　就以化妝品來舉例，進到百貨公司，一樓大廳的黃金駐點，看到專櫃人員將一隻又一隻的唇膏、一盒又一盒的粉餅販售出去，這過程當然不能抹煞櫃台

小姐的努力推銷，但在這看似簡單就銷售出去的動作中，他們背後的公司卻是在公關媒體上做足了行銷的工作，所以你會知道不同「價格蠻高又認為合理」的化妝品品牌。在保險市場上，你一樣會聽到很多占滿廣告時段保險公司的名號，保險可以口耳相傳，但置入性的電視廣告，這些公司的名號早已經進入了你的耳中。所以你每天的工作內容是觀念行銷還是商品推銷？當定位不同，你的格局也就不同。當然，直到你結識的客戶累積到一定數量，更要開始專注於客戶規劃與整理，但往往許多人過不了這關就鎩羽而歸了。

站在客戶角度換位思考

「業務員」的範圍其實很廣，然而「推銷」只是工作的一部分。當進入保險產業後，一開始先了解公司商品，精通行銷流程後便會將自己定位為一位業務員，便開始邀約客戶試著成交。試想一下，你是否有

真正了解客戶的需求？有沒有從全方位去了解保戶真正的需要？「當然每個人幾乎必須走過這個過程」當一個販售商品的人，手上握有一項產品之後，除了要了解產品，他最重要的還得去思索客戶真正的需求。

很多新進的業務員在將產品的內容背得滾瓜爛熟之後，就開始拿出去跟客戶介紹這個產品有多好？不買可惜。這項商品很超值，現在不買，以後可能就停賣了，類似這些話術，急著將商品推到客戶手中，而不確定是否客戶目前需要的商品。行銷的世界很有趣，你要怎麼挑起客戶的興趣，讓他們看似主動，事實上是由業務員主導，到交易的完成。我們真正要做的事是「行銷」，而不是「推銷」。

當你細細思索這兩者所包含的意思，就會發現即便在銷售產品，兩者所處的定位卻也截然不同。推銷員在銷售商品的時候，著重在今日的業績、產品是否成功銷售出去。而行銷員在做業務時，則是帶有策略，因為他懂得自己在市場的價值，明白重點所在。

我在向業務新人說明時，會讓他們明白，「理財規劃師」是他們未來事業的展望，如何有計畫地面對客戶？在計畫中如何用最合適的方式和最好的內容提供給客戶？這些觀念絕對不能邊做邊學，而是剛起步沒有客戶的新人腦中必須建立的思維，而不只是將商品銷售出去這麼簡單而已。行銷人員的行動需要策略、規劃的事情十分廣泛，重要的是，必須要明白你的定位在哪裡，十年、二十年後你是要繼續用「推銷」來面對市場或是用「行銷力」管理市場？其實，不管是不是新人，只要有深度的人自然會展現出不一樣的行動力。

「球員」與「教練」

到了保險經紀人公司，目前工作的重心不只是開發客戶、服務客戶那麼單純，大部分的時間必須協助新進業務同仁適應新的職務，讓他們從舊有的職場思

維中跳脫出來，能夠在相同的業務工作中重新找到自己不同的定位。在這裡，用個例子來說明，大家一定都聽過或看過籃球比賽，那麼，用籃球比賽來說明，或許更容易理解。

　　如果要問傳統公司跟經紀人公司的「銷售」差別在哪裡？傳統公司的業務員和保險經紀人裡的業務員，差別就在一場球賽。這是在我跟另外一間的高階主管聊天時，他所告訴我的例子。這個例子深得我心，用這個例子來跟傳統保險公司和保險經紀人公司的業務員說明，可以說淺顯易懂。不妨將你自己想像準備比賽的球員，當你上場時，會將自己定位在哪裡？前鋒還是後衛？但不論是前鋒還是後衛，身分都是「球員」。所有的球員上場的目標都是為了贏得比賽的勝利，這些球員們為了記分板的分數努力打球，理所當然，即便是四度奪得總冠軍賽 MVP 的詹皇也都可能失誤，因為失誤本來就是球場上的一部份。

　　如果你是教練呢？首先你不能在場上防守，更

不能持球橫衝直撞，也不能只單單注意自己的分數，身為教練，所要思考的是如何調配這個團隊球員的體力，分析每位球員在場上的狀況，讓它們發揮戰力，使團隊得到高分？這是教練的職責與任務。至於球員的話，他也想要贏，也想得到分數，但是「贏」不是這個人所能夠決定的，因為一個人的能力就算再強，技巧再高超，如果其他人跟這個球員的水準不高，老是扯後腿的話，這個能力很強的球員會很疲倦，會把整體的表現拉下來。至於教練，他的職責就是怎麼去調度人力，怎麼讓球員的能力發揮到極致？怎麼讓球隊贏？這是「教練」的責任。但是「贏」絕對不是一個球員的責任。

在著名漫畫「灌籃高手」裡，流川楓的個人表現十分搶眼，但安西教練對於帶領球隊成長則功不可沒。兩個人都是優秀的，兩個人都在自己的位置上，做好自己的事。今天你是教練，視野專注於隊伍贏球，那就會想辦法將球員們的能力，好好調配，把過

去嚴謹的訓練成果，拿出來並將它發揮到極限；但如果你是球員，目標是得分的話，那當你手上拿到球的時候，就好好的扮演你的角色打上一場球，至於其它的事情就不會想太多。角色不一樣、定位不一樣，視野不一樣，這是過去在傳統保險公司未曾有過的體驗。當然這兩者沒有孰優孰劣，就看你的思維落在哪裡？想要成為一棵大樹或是灌溉一片森林？人生其實只有選擇，沒有對錯。

以前我在傳統保險公司的時候，一個人，或是一個 TEAM 達到業績，我就滿足了。但是來到保險經紀人公司之後，我思考的不再是個人的榮耀，而是要怎麼讓我們的營運團隊更好？讓它變得更強壯、更壯大？這是我的職責，而這時候的我，不單單是球員，更是球員兼教練，我不能離開市場，失去銷售的溫度，更不能用以前的思維邏輯來帶領職場同仁，除了我自己的業績，我也要協助業務員成長，帶領他們一同登上事業的高峰。

正因如此，我們會時常舉辦稅務講座以及激勵人心的成長課程，並安排新進業務員來上課，訓練他們從不同的角度，來看待他們的未來，我們花了很多的時間在教育上。重新「定位」，對原先在傳統的保險公司，轉到保險經紀人的業務員來說，或許比較困難，因為觀念和想法改變，等於打掉重做，徹底改變以前的自己，甚至要一切歸零，重新學習，這點是相當不容易的，但是我相信願意擔任不同的角色，用不同的眼界看保險，便可以看到不同的視野。

銷售「觀念」是行銷的關鍵

在行銷當中，我們最主要是在「觀念行銷」，也就是銷售「觀念」，不僅是保險商品。「觀念」看不到、又摸不著，怎麼販售？在行銷的過程中，「觀念」的建立是最主要的關鍵。好比農糧署在電視推廣多吃蔬菜對身體有益的公益廣告，那麼，消費者去自助餐

廳的時候，潛意識就會告訴消費者，多夾兩道蔬菜，除了對身體有益之外，對農民販售葉菜到市場就有莫大的幫助，更甚至，素食店的生意可能比往常好。再舉 NIKE 的例子，NIKE 有很多種類的產品，鞋子的款式更是琳瑯滿目，當廣告出來時，並沒有聚焦在自家特定產品上，但是當你想到要買運動用品，就會想到不管在大聯盟及世界頂尖的 NBA 球賽中做足潛意識廣告的 NIKE。

市面上的保健食品百百種，維他命 C、B 群、葉黃素等，這是因為在我們的周遭，「健康養身」的觀念逐漸被推廣，不管是保健食品公司推廣，或是消費者的概念，當追求「健康」的觀念在四周推動時，不用業務員拿著產品到客戶的面前銷售，覺得自己有需要的人，就會主動到藥妝店或是網路購買。而保險業務員，最主要行銷的其實也是「觀念」，觀念好的客戶，不用講解太多，只要他明白商品對他的保障，符合自己的需求，就願意接受業務員的推薦，達到真正

的行銷。

　　我一直覺得找對客戶、給對商品很重要，我願意服務每位可能的潛在客戶，但我會去觀察對方現在的意願，如果他真的完全一點意願都沒有，那就先把這件事放到一旁，繼續拜訪下一位客戶。就像前面章節提到那名年輕人的父親，一開始他對保險極為排斥，所以當下我沒有再跟他多說什麼，這時候不論你說保險有多好，他都聽不進去。等到他真正發現保險的重要性，到時不用你開口，他也會想要了解。所以什麼是對的客戶？就是有觀念的客戶。

　　觀念行銷到最後也會賣出商品，但販售觀念和商品卻不同。所以我們在推動保險的過程中，不會直接跟你講商品，客戶一定要先有這個觀念，才會樂於接受這種產品。很多時候，行銷跟推銷之間只有一線之隔。如果今天做得漂亮，客戶不會覺得你是推銷，如果技巧不好的時候，人家就只會覺得你是來賣他產品，下意識地產生排斥行為。

以前我們剛開始的時候，也是拿著 DM 到處跑，隨著資訊的發達與保險觀念的普及，當我們在外面跟人家講保險的觀念，許多人能夠接受，再加上口碑及服務，客戶也會買單。推銷靠的是體力，行銷靠的是實力。在「推銷」跟「行銷」中，業務員得思考自己的定位，透過「行銷」來拓展自己的業務，如果一直靠「推銷」是無法提升自己。

展現親和力，跨進消費市場

　　客戶是無所不在、遍佈社會中每一個角落的，所以無論各種產業與不同社會階層，現在只要是我經過的地方，幾乎都會有我所服務過的保戶。除了透過熟客介紹外，我嘗試在日常生活中只要是涵蓋食、衣、住、行、育、樂的每一項場所，都會出現我所留下的足跡。因此，我的客戶包羅萬象不僅包含了各行各業，甚至有些大眾比較少接觸的族群中，一旦有機會也會有我的保戶。

　　有一位曾任職於調查局的客戶曾向我開過一個玩

笑：「我覺得以春英姊的資質而言，應該來調查局上班才對。」面對他的一本正經，我卻感到莫名其妙，問他為何會冒出這項想法。他表示：「無論我走到哪裡，都看見你在服務客戶，就像是調查人員般無孔不入。」他話說完，我們兩個都大笑起來。我想了一下，發現他說的，的確沒錯，我的客戶真的遍及各個階層，各行各業的人呢！

每當年關將至，我到處拜訪客戶，發送月曆的時候，總會有幾位客戶的朋友開口和我索取月曆，我都非常樂意把月曆送了出去。有一年，客戶的朋友又來索取月曆，這時那位客戶好奇地問他：「你的保險業務員都沒送過你月曆嗎？」他回答：「有啊！但是他送了兩年就沒再聯絡了。」對於他的處境，客戶開玩笑地表示：「如果當初你和春英姊買保單，每年都會有人主動到你家拜訪親自送上月曆。」

要做消費市場的人，基本上一定要「捨得」，就是不要只想成交，在客戶簽下保單之前，先想想，你

可以給客戶什麼？

豐盛經營自己的人脈力

　　在工作之餘，想要小小犒賞自己，我自然也會四處消費，去吃吃美食、買買衣服，而有市場的地方就有人，這時候，不要吝於給這些人你的笑容，也不要吝於在這些人的身上，給予你能給予的，像笑容不會匱乏，幽默不會匱竭，這些都是很好的親和力開端。

　　在進入消費市場後，我有個習慣，例如到保戶上班的美容店進行美容。既然我本來就有在做臉，那何不去這位保戶所在的店面進行消費？不但讓他有錢能賺，我也可以獲得享受。我有時也會特別到客戶經營的店面消費，像是享用美食、洗車或是做頭髮，而這一切原本就是我平常會做的事。

　　當消費與我的保險工作結合，我就是最好的品牌行銷，這也是我的調查局的朋友為什麼會那樣說，不

要等到對方「給」，自己可以先付出，就要先去做。所以一般我在進行消費時，第一步就是和對方建立起友誼的橋樑，而不是讓他覺得我別有所圖，為了推銷保險而來的。

在進行消費時，如果讓人對你有好印象，建立友誼關係，那麼對方願意購買保單的機率自然也會提高；相反，如果無法成為保戶，大家還是能交個朋友，保持良好的關係。善緣起於一個結「善」的心，抱持著開放的心胸，這就很像佛系心態，用這種心態經營消費市場，合則來，不合也沒什麼損失。我們可以這樣思索：「如果你希望對方成為客戶，手中剛好又有消費能力的話，那你願不願意先成為他的客戶呢？」

人是一種互相的動物，在做生意方面也是，就是所謂的「互惠互利，創造雙贏」。能夠消費的就大方消費，不能消費的，也要保持一個好印象，或是你做了什麼事，讓對方印象深刻？如何讓對方印象深刻，只要讓對方感受到你的善意，那麼，下次，或是下下

次，自然有可能關係再更進一步。在跨進消費市場時，也能夠跟你的工作結合。提到這裡，可能有人會誤會，跟客戶的關係，需要一次又一次的消費才建立得起來，這就誤解我提到保險跟消費市場的關係。

保險業務員也是人，每天也要進行不同的消費，我不過是將這兩者結合起來。而且，一開始我並不會太過積極去提我的工作？除非對方主動提問。當我來到一間店，讓老闆或是店員對我印象深刻，在閒聊當中，就會對你產生好感與好奇，這一點你只要做到位了，人家就會覺得你不一樣。

撇除保險業務員的身份，當我們在平常生活時，就是一個「消費者」，而這個「消費者」在不同的店家、廠商間流竄，進行消費行為，這就是生活的一部分，保險是融入在生活中的，所以一個想要經營消費市場的人，一定要先願意「付出」，搭起生活與保險的橋樑。最終你會發現，客戶形形色色，什麼行業都有，而人脈的建立也並不如想像中充滿困難。

此外，還有一個很重要的關鍵，我常常見人就點頭、微笑，因為這個特質，所以我認識的人脈常常都會成為我的客戶。這些高於一般業務員的成交比例，當然是透過用心、服務不斷的累積，成為我獨有的心法，將保險融入生活，不去設限客戶名單，名單都在生活中。抱持著這種心態，就不會覺得提供保險的服務那麼困難？如果你覺得生活應當是自然的，保險亦是如此。這是自我心態上的建立，對一位新人來說，要走到這個階段，腦袋也許清楚，卻不容易拿捏其中的輕重，不在不合適的情況下談保險，發揮自己的特色，例如：常微笑、培養幽默感、學習讚美的語言，在生活中多用點心，你所接觸到的人就會歡喜記得你。所以與其說我們在做保險，不如說我們是學做人，抱持著平常心，廣結善緣，距離成功便近了。

帶著正能量融入人群

　　其實不只在消費市場，只要仔細觀察，就會發現日常生活當中處處皆有商機。像我腿剛受傷的時候，客戶來探望同時也產生了危機意識，我也藉由自己的傷勢向對方介紹哪些保險能在此時發揮作用。當我的客戶因為生病或受傷住院，我去看他們的時候，自然而然地也會聊到過去客戶有點不記得的保險內容，此時的客戶比誰都關心保險。請問一下過去我這有沒買、我那有沒買到的？

　　記得有一次去探病，和躺在病床上的客戶提及理賠的事宜，正在逐條回答客戶的問題時，隔壁床的看護也跑過來關心，講著講著也在無形之中成為我的保戶，甚至日後成為我的職場同仁。可見只要在對的地方，說對的話，這些都是很自然發生的事，所以保險的觀念真的很難推廣嗎？有時候就是一個契機。而那個契機，就需要靠個人的掌握。

想想看，同樣的業務，同樣的環境、同樣的景氣、同樣的職場、同樣的商品，為什麼有些人就銷售得比較好？有些人就差強人意？這當然關係到很多環節，但是如果你不跨出家門，或是離開座位，走入人群當中，再多證照也派不上用場，因為你並沒有跟人面對面，甚至連開口練習的機會都沒有，就算今天有電話行銷、有網路行銷，還是跟融入人群有差異。高科技產品充其量只是輔助，想要做到長久經營人脈，還是要靠人與人之間的溫度。我常覺得拜訪客戶就像是找人聊天一般，有人陪我聊天，對方又有可能買到他過去想買，卻一直沒有人告訴他的保障。抱著這樣的心理，會覺得業務其實很有趣。

　　今天自己會經過哪些地方？會碰上哪樣的人？你永遠不知道。有時候計劃是趕不上變化，預定的拜訪行程中總是會出現一些突發狀況，在偶然的機緣下遇到形形色色的陌生人。如果今天對方的心情好，不管你說什麼，他能願意和你持續互動；如果她在前一刻

跟老公吵架，下一刻出現的你便成了他的戰友，一起同仇敵愾。這樣的生活，永遠都不會無聊。而我去拜訪的時候，也是以生活化的姿態，帶著正能量去貼近每個人，即便對方每天都遇到不同人，但你如果給他一個好印象，那麼自然別人也會記住你。

隨時隨地都在行銷自己

雖然我從事保險事業，但是我並非開口閉口講商品，因此我從未要求客戶坐在辦公桌前，嚴肅地打開電腦，秀出一張張的 PPT 花了 30 分鐘講解，讓客戶也沉睡了 15 分鐘，我總認為分享保險就是生活中的一部分。我和客戶聊保險的觀念，簡單的過程就像水果商販講到水果的市場行情一樣的篤定。對我而言，客戶需要保障就像買車一定要保險才有資格驗車一樣單純而不複雜，所以我也選擇輕鬆的方式聊聊保險必需品，當焦點放在需求時成果自然就產生了。就像

前面提到的觀念行銷，我們主要是透過保險，服務人群，不著眼於保險商品。畢竟保險的最終價值是保障之外，還有不可取代的服務熱忱，我相信你可以買到相同的商品，卻買不到相同的服務品質。

每當我走在外面，多少都會碰到客戶，大家都會跟我打招呼、寒暄，也不見有「業務員」和「客戶」的買賣角色存在。服務歸服務，我並不會因為他向我購買了保單，就對他特別諂媚，更不會因為推銷沒有結果，就從此老死不往來，反而我會更關注他，提醒他保險的重要。我覺得在客戶有意願的氛圍當中，讓想要投保的人主動打開心扉，那是最美好的結果。

不過，並不是每一位客戶都會在當下的拜訪，就決定和業務員簽下保單；也不是每一位客戶，都能在短時間內和他人建立起信賴關係；也不是每一次的談論保單，都能夠有機會成交。換言之，「拜訪」真的只是「拜訪」而已。我們可以去和客戶閒話家常，聊一下他們的近況，聆聽他最近發生的事，或是提出他

可能的需求，他如果拒絕的話，也不用難受，因為他只是當下不需要，不代表永遠都不需要。

我總是抱持著「分享」的態度，向對方分享最近碰到其他客戶與接觸到的新商品，就像今天發現便利商店推出美式咖啡買一送一，我興沖沖地跑去跟對方講，如果對方不喜歡喝的話，又有什麼好損失呢？身為業務員的我們，就是將好的東西分享，或是適合的東西推薦給客戶，雖然最後的決定權在客戶身上，但心態的主導權在自己。不妨想想，當你在跟客戶洽談的時候，你是抱持著什麼樣的心態？

第四章

服務客群，
從推銷到行銷的心法

挑戰業務前先了解自己

　　在保險這條路上這麼久了，時常有些人會問我保險相關問題，而我也很樂於分享。

　　曾經有一位新人問我：「李姐，做保險好嗎？」

　　我告訴他：「當然好啊！工作半天，休息半天。」

　　他聽了興致勃勃，直到進來工作後，不滿地向我抗議：「李姊，你騙我，哪有做半天休息半天？我每天都從早做到晚。」

　　我看著他，正經地說：「我沒有騙你啊！一天有24小時，你工作半天是12小時，休息12小時啊！」

這一個故事雖然聽起來像是玩笑話，不過也突顯出保險業務員的工作充滿挑戰及競爭，特別是對一位新人來說，在將保險成為日常生活輕鬆做之前，其實都有很長一段磨練期。而且在成為一個專業的保險業務員之前，還得考證照。就像醫生要有醫生證照、律師也有要證照，從事保險這一途，也得要有保險的證照。

　　有了再多的證照，如果少了一個「照」，也沒辦法做得長久，那就是台語的「勤快走」，這一點比前面的證照都重要，但如果沒有證照，你也沒辦法「勤快走」，這些都是相輔相乘的。而且我們還得面對不懂得保險的人的情緒，好一點的，會說你們做保險也太簡單了吧？只要動動嘴巴就有錢賺。控制不了情緒的人，就會指著我們的鼻子，說保險業務員都是騙子。

　　在這些情況下，我們還是得抬起頭，展開笑容，不讓人家對「保險」繼續誤解，個人的心酸，只有保

險業務員才能感受到。做保險已經夠辛苦了，還要陪客戶上演八點檔連續劇，因為你永遠不知道客戶會跟你演哪一齣戲？是喜劇？悲戲？還是鬧劇？早上剛參加完一個客戶哀傷的告別式，上個車，換個衣服，又要參加另外一位客戶歡歡喜喜的婚宴，真怕自己因此精神分裂。

我覺得保險業務員也像個演員，演得好就名利雙收，演不好就明日收工，當你投入心神，跟客戶上演一齣名為「人生」的戲，隔天他們可能因為契撤（契約撤銷）就翻臉不認人。我們每個人都是「人生」這場戲的主角，但誰也不能缺席。其難處甚至還得當上生命的導師，為一個家庭挽救一場悲劇，免得發生遺憾。

擔任生命的導師

我曾經碰過一位客戶，他的年紀不大，卻逕日沉

迷於運動彩，耗費大好光陰，最後還把他僅有的早餐店都輸掉了，他的老婆一氣之下也離開他，好險還有爸爸媽媽在他身旁對他不離不棄，要不然這個人的人生就毀了。

我跟他接觸不多，對他的了解狀況不深，有一天，他打電話給我，說：「春英姐，我想要向你買一個保險。」

我一聽就覺得不大對勁，之前跟他談到保險，他完全刻意不談這塊，現在卻突然主動想要保壽險，加上他當時的語氣很不對勁，我心中的警覺心大起，反問：「好啊！為自己買個保障也不錯，只是你怎麼會突然想要買保險？」

「我想要去自殺。」他緩緩的說。

我整個人差點愣住，還好我覺得不對勁，有多問了一句，要不然我就成了幫兇了。我反問他為什麼要這麼做，才知道他其實因為好賭有負債，認為自己的人生已經爛到了極致，已經沒有什麼好留戀。

然而，他不希望父母在他死後還要替他的債務煩惱，希望透過壽險了結自己生命，親手償還自己的債務。雖然保險看似總是與金錢脫不了關係，但這種錢無論如何我也不想經手。我只好放下手中所有的事，開始扮演起心靈導師，我溫和的對他說：「既然你對人生早已沒有眷戀，那為什麼還要買保險？」

　　他哭著表示，他的父母因為他的關係，年紀這麼大了，還要為他操心，他覺得自己也很對不起他們，所以只能用這種方式，想要留點錢給他們。我苦口婆心的勸他：「如果你想要賺錢給父母，為什麼不自己想辦法去工作？何況這點保費又能讓保險理賠多少錢？200萬？還是300萬？只要你願意，難道這一輩子能賺到的錢會比這點錢少嗎？為什麼不透過自己的力量自己去獲取呢？說不定你能賺到的錢比理賠金還要多上好幾倍，而且還能留住這條寶貴的生命，不至於讓雙親難過流淚。我說，你想用生命換取理賠金的念頭真是要不得……」

我還告訴他，就算他去找其他的保險業務員簽約，如果被保人短期刻意輕生，保險也是不會給予理賠。在掛斷電話之後，我也不知道他的狀況，只能拉他一把是一把。而在兩年之後，我看到他，他還依舊活著好好的。人們會因為一時的情緒，或是失意，就亂想一些不切實際的賺錢方式以獲取金錢，人在江湖，我也不忍去苛責他，但知道這種事我也絕對不能默視不理會。數年之後，他再想著當初那個想要自殺獲取金錢的自己，又是怎麼樣的想法呢？

　　不論是我的朋友或是客戶，遇到什麼樣的問題，我都覺得我有必要去開導他一下。畢竟，生命是很可貴的。而人生路途中每個人都會遇到的瓶頸，就看怎麼去看待、去解決？或許有些業務人員不會理會，但我覺得有能力開導他的話，就盡力去做吧！畢竟他的年紀還很輕，後面的人生還很長，不需要因為短暫的失意，而要付出這麼大的代價，也太得不償失了。

　　倘若真的因為保險，而申請一大筆的費用下來，

他的父母拿到那筆錢會快樂嗎？就算我去幫他申請理賠，我也不會覺得開心，我怎麼會做這種讓大家都難過的事呢？雖然是做保險，在生命消逝的時候，可以為保戶申請一筆保險金，但這筆錢的用意是什麼？保險固然能幫人守住金錢，但它是個良心的事業，我們還是要保持道德，在遇到各種誘惑時，都不能動搖改變本質。身為一位保險業務員，除了盡守本分，我們還懷有職業道德。我希望人們是因為保險而圓滿的受惠，而不是添加更多的遺憾。

人生的自我管理

業務員的難處，不只於此，面對的客戶形形色色，有時候即便遭到誤解，也只能一笑置之；沒辦法笑就是哭，哭完之後，還是得抹去眼淚，抬起頭，繼續前進。我曾經在一間學校服務，剛進去的時候，那個校長就指著我跟另外一個同事的鼻子，破口大罵，

說：「你們兩個保險業務員怎麼可以隨便進來學校？出去！快點給我出去！」對於這突而其來的責罵，我們兩個同事彼此面面相覷，她哭我也哭，因為那時候我們還是新人，不清楚狀況，心想媽媽養到這麼大也捨不得這樣罵我，而且又是女孩子，當場被罵就覺得很委屈。

然而，我們無法輕易地放棄自己的工作。對此，我誠懇的寫了一封信，告訴這位才新調來的校長，在他來之前，這間學校的老師，都是我們的長期團保客戶，所以我一定要進來做服務。而且我在信中說明，我們駐校服務，並沒有影響到其他的老師上課，因為我們都十分遵守校園的規矩。後來，我們再度到學校，也碰到那位校長了，他看到我們，自己就遠遠的閃開，可能自己也覺得不好意思。

像遇到這種事情，心中必然會覺得受委屈，覺得氣惱，但又不能怎麼樣，這種情緒也要自己懂得自我安慰、自我化解，不能讓它惡化下去。

這種遇到什麼困難，也不能放棄的毅力，或許源自於我的家庭背景吧！在我十三歲的時候，父親就離世了，而家裡也沒什麼錢，家裡小孩又多，還不是每個人都能去讀書，所以我在國中畢業後便選擇報考夜校半工半讀。即便如此，在高中三年中，我每年都保持全學年第一名直到畢業，每年都有領到獎學金。

　　我在半工半讀的時候，也很認真，當時我在電子工廠上班，考試的期間，白天我還在工廠焊錫，要不然就是插零件。當時我只要有空就拿課本起來讀，即便在工作時，也會偷瞄一下課本，旁邊的阿姨們看到我都笑著說：「你這樣一邊做、一邊看書，怎麼會有好的分數？」我有點不服氣，反問：「如果我考了一百分呢？」阿姨就說她要給我獎勵。從此之後，不管考國文或是英文，我的分數不是差一點滿分就是直接滿分，也因此替自己獲得了一些小獎勵。

　　提過去並不是要誇耀自己有多厲害，而是在那個環境下，我還有這樣的表現，完全是靠著意志力，不

管遇到什麼困難，都要堅持下去。困難到處都有，走在路上都有可能踢到石子。不過，當你定下一個明確的目標，而且非常渴望得到它時，你的意念趨使你去行動，開始提升對自我要求，為了達到目標，就算遇到再大的困難，都會想辦法讓自己每一項行為朝成功的方向走。業務這條路不容易，想要突破困境，你就得約束自己、要自律，將原先的自己拆解，塑造出一個更好的自我。

2

成功經驗，是從錯誤的決定學來的

　　來到保險經紀人之後，我知道自己的定位已經和在保險公司時截然不同了，同時格局也產生了巨大改變。對此，我重新思索，自己要如何整合，才能讓大家同時提升，一起過著更好的生活？過去的我擁有人人稱羨的輝煌成績，曾達成全國業績第一名，勇奪三冠王……等，甚至年年獲得象徵壽險最高榮譽的MDRT，登上無數報紙和雜誌的採訪，可說是保險界的榮耀。雖然我的成就或許令其他業務員忘塵莫及，但我自己不曾忘記，在剛踏入保險業時懵懵懂懂的那

隻青澀的菜鳥，甚至是從非相關科系畢業的菜鳥。正是因為這段寶貴經歷，我才能夠理解新人的腦中會需要什麼？想哪些事情。

當初我之所以投入保險業，某種程度上也算是誤打誤撞。在民國82年的時候，有位資深的保險人員問我要不要買保險。當時我心想：「我連過日子都有問題了，哪有多餘的錢為自己買保險？為什麼保險需要繳交那麼多錢？」雖然當時腦中早有未雨綢繆的概念，但對於保險的性質仍不是很了解。縱使些微感到興趣，但我依然抱持著警戒。

那一位保險業務人員看到我滿臉疑慮，便笑著和我說：「李小姐，我看你那麼聰明，不如來研究一下保險究竟是什麼？假如你在研究完後考上證照，還可以跟著我一起靠賣保險，搞不好還能改善生活。」那番話讓我眼睛發亮。由於先天的成長環境，我認為讀書是很奢侈的一件事，雖然半工半讀使我得以完成學業，但也因此使我對於賺錢更為敏感。在他的鼓勵

下，我拿了考照書，並花了一星期準備，就考上了證照。

剛開始的時候，我只是將賣保險視為一份兼差，直到我正式進入保險公司後，公司推出了重大疾病保險。在當時，業界還沒有這項產品，所以我和親朋好友分享資訊後，大家就紛紛表示願意購買。正因如此，我在第一個月便獲得不錯的成績。我心想：「保險沒有想像中的難做嘛！」就一頭栽了進來。不曉得是僥倖還是能力，我總是能夠獲得不錯的績效，雖然後面也遇到一些挑戰，不過我並沒有放棄。就像前面所說，我有問題就發問，跟客戶將心比心，當你不將困難視為困難，並懂得心法，就可以一直走下去。

一路走來，我從 83 年開始每一年都完成當年設定的業績目標，甚至達成公司所有實質獎勵的成就。我以為所有的業務員都應該是這個成績，後來才知道，是我的毅力、堅持，還有一些想法和態度，讓我在這個殘酷的現實中，能夠倖存下來，而且還獲得

不錯的成績。我之所以能有這份成就，一部份來自於我個人的努力，也來自於貴人的協助，讓我在這個充斥著保險業務員的市場，有一塊立足之地。也因為如此，所以我想將我這一路上遇到的點點滴滴、我的想法、我的經驗，毫無保留的分享出來，希望後來的保險新進人員，在業務的這條路上，可以不要繞一大圈，可以越走越順遂。

幫助業務員成長

一位優秀的業務員除了要懂得自我管理之外，也要接受訓練，從各方面想辦法自我成長，而現在的我，就在從事這件事。我們在幫助業務員成長，不管是新人，還是原先就在保險業的人。新人什麼都不懂，需要我們指引，而原先就在保險業的人，更是要教導他如何在保險經紀人這一塊領域重新立足？像是讓他們換位思考，或是認清自己的定位。讓他們認識

自己，便成了我們的工作。除了認識自己，還有更實際的層次，不管是收入、職位，還是榮耀，都要想辦法讓他們提昇。實質上的鼓勵，可以讓人更有動力前進，會覺得自己的努力得到了回饋。

我們會透過報表，來衡量業務的活動量是否足夠？首先業務員都要列客戶名單，當成目標的依據，然後電話問候、邀約、親訪。而這個過程，一切的一切我們可以透過報表，來檢視這個月的活動量，同時檢視過程出現了哪些問題？只有在天天輔導這些業務的時候，他們才會清楚自己的問題出在哪？為什麼明明身邊很多人，卻沒有所謂的準保戶？或是談話內容出了問題？為什麼客戶不願意和你碰面？即便碰了面也不讓你有機會談下去？

對新人而言，這些看似焦頭爛額的問題，以經驗豐富的我們，很快就可以找出癥結所在，這也就是為什麼需要寫報表的原因所在，一旦業務員自己在檢視報表中發現自己的問題？他們也會想透過主管幫助自

己，如果沒有用報表檢視自己的過程，即使主管告訴新人的缺點，那麼新人也會在心裡質疑主管的反應。

　　保險本身就是一個自律的行業，走出辦公室大門，要回家睡覺我們也管不著，但對於想成功成名的業務員而言，多一份教導就是增加一分成功的機會。我們很清楚，不論自己或他人，都需要整個團隊走向正能量，我們都想更多人投入這團隊，前提是你是靠花言巧語或是堅強的正能量團隊說服新人進來。

　　記得「球員」和「教練」嗎？就算教練個人沒有得分，他也不會放棄他的球隊。我們會很明確的讓業務知道他的問題，而不是只是告訴他要懂得學習、要懂得成長，有些人其實很聰明，可能在某個點上轉不過來，只要旁邊有人適時的點醒他一下，就會有所表現，而且進步得很快。就像一個原本在傳統保險公司業務員，其實他什麼都會，只是到了保險經紀人，突然不知道該怎麼上手？我們會帶著他進入狀況、去切入商品，還會透過教育訓練，讓他快速抓住要訣，這

些都是很具體的。輔導同仁是我們的職責，我們會讓他明白他有什麼樣的工具，像是微笑、個人的魅力，還有定位等。

　　我自己也是來到保險經紀人公司之後，歸零重頭開始學習，以前在傳統保險公司，懂得人的保險像是意外險、醫療險，還有物的保險像是車險、火險，但錢的保險，則是後來才漸漸了解的。現在很多傳統保險公司也樂於釋出他們的產品讓我們銷售，我發現同樣的一件保險，定位不同，表達出來的完全不同。以前在保險公司接觸的保險大多侷限於商品的銷售，自從到了保險經紀人公司後，我才發現保險的面相如此多元，隨著接觸商品種類的多元化與靈活化，客戶的選擇也越來越多了。目前，在我所待的公司定期於南北全省舉辦稅務講座，開放所有對於保險有興趣的人前來參與。透過傳播保險觀念與知識，我們希望整個社會都能共同成長，同時讓每一位有保險需要的客戶都能遇見專業又用心的業務員，讓保險的名聲在社會

中越來越好。

遇到對的人

我們教導新人，傳遞我們的經驗，要成功就要在最短的時間去學習成功人士的經驗，會比自己盲目摸索來的更快。

而這一切，也要看業務本身，有沒有意願去學習？我們傳授的再多，業務不懂得投入，那也沒用，我們的課程會延續下去，讓人懂得開發自己，還有關於保險的技巧。我們甚至還有培養種子講師，每個人都要學習站上台，感受發光發熱的機會。「師父領進門，修行在個人」，這句話再貼切不過了，行銷向來不易，得要有面對挫折、被斷然拒絕的勇氣。曾經有個業務員，接了一筆大單，非常高興，但是後來因為客戶個人因素的關係，說不要了。他回來之後微笑的臉轉變成哭喪的臉，我得知這件事後，跟他前去了

解客戶的退保的理由，先協助客戶把他個人的問題解決，後來保單也順利成交。

當業務遇到問題時，公司內所有的人都是業務員的後盾。重點是，有沒有主管可以協助你解決客戶的問題？是否挑對團隊？有沒有獲得充分的支援？當你想往上時，大家都拉你一把或是扯你一下？在團隊，當你想要前進時，不是一個人走，而是大家一起走。埋頭苦幹，不如大家手牽手，跟著成功的步伐走，這樣能夠省去很多的時間，一開始或許有點辛苦，但想要蛻變，原本就不是易事。人的時間有限，可以拿來做許多事，但如果有好的方法，可以讓人不用繞一大圈，浪費寶貴時間，我們都希望遇到對的那個人，不只感情，合作伙伴也是。而我的一點成就，也希望成為對的那個人，讓每一位進來公司的新人都願意跟我一起攜手，在保險這塊領域深耕，綻放不同以往的火花。

經驗不論對與錯

我今天能夠有如此的成就，是因為很多人的關係，這一路上磨練我的、扶持我的，還有我所服務的保戶，這些人都促成了今天的我，讓我能夠在這裡，受到更多的人肯定。人的一生很奇妙，未來會發生什麼事，你永遠不知道。但，還是必須要有正確的決定，才能走到這一步。就像我希望能夠在保險找到榮耀，因此我在保險這條路上始終戰戰兢兢，經歷過無數次正確的決定才能抵達成功的終點。

而正確的決定哪裡來？一開始在不懂的時候，你只能「聽別人說」。在聽進去後，就必須拿一部分「青春」全力投入，接著就是從經驗的累積中是否值得繼續走下去？才會累積這些正確的決定分享給別人。那這些正確的經驗的來源，正是在過程中從犯錯的決定而來。因為有太多次的錯誤決定，所以痛定思痛，不斷去改正自己，由錯誤的經驗當中，最終才能找到正

確的決定。

　　因為，不管是好的或是不好的決定，一切都會成為個人的經驗，當經驗不斷地累積，腦中自然而然就會有對的決定產生。就像我們以前在拜訪客戶時，一開始，一定會在客戶面前說錯話，或是犯了錯，便可將這些可以彌補的錯誤記住了，它就成了警惕，好的經驗就繼續維持，錯誤的經驗提醒你下次必須修正，以後再度碰到同樣的事情時，就知道該怎麼應付，漸漸的，就會做出正確的決定了。

　　等到你所有的決定都在正確的這一面，你的成就、收入，甚至是職位，都會往上提升，所謂危機就是轉機，因此，不要忽略了經驗的累積，不管是好的經驗還是壞的經驗，都能讓人有所成長。漸漸地，個人的專業度會出來，魅力也會開始展現，之後，若有人在談到保險的時候，第一個就會想到你，甚至幫你引薦，從推銷到行銷，創造出專屬於你的個人市場。

從推銷到行銷的平衡點

　　做業務不得不提到現實面，一個剛踏進保險這個行業的業務員，在從事業務時，首先要面對的不是客戶的拒絕，而是現實。因為業務是看你的業績來發配獎金的，而業績的累積需要一段時間，在取得獎金之前，會先經過一段沒有收入，或收入根本不夠支付生活成本的尷尬時光。

　　現實是很殘酷的，我們在跟新人業務員討論他的未來時，也會注意他現下的狀況，如果他還有一家老小，都需要他來撫養的話，就得重新評估。想要透過

業務賺取金錢，這種雄心壯志值得稱許，對於那些已經深耕多年的資深業務員而言，新進的業務員既沒有口碑、又沒有人脈，要怎麼做呢？有信念、有毅力，這都是好事，但生計的現實問題擺在眼前，又要如何突破？

從推銷到行銷，中間會有一段過程，這段過程的時間長短是個未知數，如果時間拖得太久，一個業務員就算有再大的雄心壯志也會被消磨，我強調業務員的心態很重要，也不鼓勵心裡毫無準備的人，就盲目踏入業務這條路。

當然傳統保險公司的優點，至少他會給你底薪，讓你在開發業務的時候無後顧之虞，不管在傳統保險公司或是保險經紀人公司，剛進來的話，都會從基礎開始。

不管是戲棚子下站久了就是你的，還是多年的媳婦熬成婆，你所面對的是「當下」，在「業務」跟「生存」之間，新人會相當為難。比較折衷的作法是

給自己一個期限，時間到了，成績還沒到，就轉行了。有些業務員在前期時，時常臉上掛著苦瓜臉，可想而知，很多人在推銷過程中，不是遇到挫折，就是碰一鼻子灰，在屢屢遭到拒絕，又找不到問題點的情況下，還得面對其他客戶，深怕自己會連續吃閉門羹，才會鎮日愁眉苦臉。業務這條路不容易，除了自己的內在需要克服，外在的困難也是要想辦法突破。

保險所帶給的榮耀

當人在一個產業待久了，名氣便會慢慢散播開來，變成任何新進人員，甚至是不同工作領域的人都認識他，像是在看到個人名片時會表示：「啊！我聽過你的名字！」那就是身為佼佼者的榮耀。我在進入保險公司後，有一次我參加一場業務表揚會，組訓問我：「明年有沒有想跟續優人員一樣，上台接受表揚？」我回答：「好啊！我想成為續優人員，明年我

一定上台領獎」隔年，我就開始保持每一年都是續優人員上台領獎。

在參加領獎之前，我一直覺得保險對我而言充其量不過是份「工作」，而不是「事業」。當我站在台上時，我才發現保險徹底地改變了我。在此之前，我認為自己在幫公司工作，直到上台領獎那一刻，我才覺得自己過去是在為自己工作！曾經，我覺得自己只是在從事保險的工作，而且這份工作有時候因為客戶的冷言冷語，還帶有負面地含意，例如他人講到「拉保險」三個字時，總是會帶著不屑的語氣。但是，我不知道這份工作，竟然也可以獲得這麼多人的掌聲、莫大的榮耀，甚至還可以出書光宗耀祖，一切都讓我覺得我是因為有幸選了保險業之後，而得到的收穫。

不管收入所得，或是生活品質、人際關係，都是因為我從事保險才得到這些。在保險上所得到的榮耀，也可以成為生活中的突破口。當你在跟人們提起你因為保險所得到的榮耀。當你獲得這份榮耀，你會

神采奕奕，你會覺得渾身充滿自信，人們會被你的情緒感染，我也鼓勵剛來的業務員，可以努力爭取這份榮耀。人生在世，不是只有獲得財富，金錢可以透過不同的方式獲得，但榮耀卻很難，因為榮耀必須透過自身的才能或才華，再由外界肯定所獲得，那種打自內心的滿足與成就感，會讓你覺得之前歷經的困難都是為了這一刻。做任何事都不簡單，特別是你想闖出一片天，被現實打臉也好，遭受客戶的拒絕也罷，一團團火焰被一桶桶冷水潑上去，就算不至於熄滅，也會發現它的火焰逐漸縮小。

我們的熱情，就像那團火焰，而現實，就像冷水，在這種狀況下，我們更需要有爭取來的榮耀堅定成功的心志。那份榮耀，可以讓你在現實的冷水中，持續燃起火焰。從推銷到行銷，業務人員往往走得跌跌撞撞，有挫折，自然也有開心滿足的事。百鍊成鋼，在現實和夢想的淬鍊下，每個人都有不同的可能性。

打破現實的框架

　　人因有夢想而偉大，可往往現實牽制了我們的想像，最終成了一種羈絆，想要達到目地，勢必會經過一番折磨。可能來自四面八方，最後讓你頹喪，以為自己就只夠如此了。在保險這個世界，其實還有無限的可能性。如同我，在來到保險經紀人之前，我對人和物的保險十分熟悉，而來到保險經紀人之後，開啟了我對帶領團隊的思維及關於錢的保險認知。

　　這不禁讓我思考，我們在從事任何事情時，會因為現實而限制了我們的想像嗎？覺得這個不可能，那個也不可能，進而被現實否定想像。我們處在現實社會中，被很多既定印象框住，好比天空是藍的、雲朵是白的，如果小孩子異想天開將雲朵畫成五顏六色，真的就是色盲？

　　面對行銷只能這樣做嗎？真的只能這樣執行嗎？即便從事保險，我們也在有限的環境當中，企圖創造

出不同的未來。路只能這樣走嗎？我只能朝這方向前進嗎？難道沒有其它方式可以取代嗎？透過這樣的質疑，不說「不可能」，改成「讓我再試試看」，新的觀點、新的見解於焉產生。

我們都處在現實當中，也因為現實而無法伸展手腳，在感到心煩的同時，不妨思考該怎麼突破？像我們在辦課程，非得正經嚴肅才算訓練嗎？如果有不同的方式成長，或是利用出其不意的活動包裹住課程，是不是更能達到訓練的目地？我想強調的是，我們活在現實當中，這是不可否認的，但也因為我們活在現實當中，而常常覺得事情就這樣了，不會再去突破，甚至不願意再去想辦法，這樣十分可惜。

如果你沒試過，怎麼知道它會不會成功呢？別讓現實限制了你的想像，想要在保險這條路上走，也不能只照以前的窠臼走，想要跟人家不一樣，就運用新思維在這個產業上。不要急著否定自己，每個人都有無限的可能性，在現實中，將推銷拓展到行銷，都

會有所突破，在我所處的保險經紀人，運用整合的資源，加上有豐富經驗的講師，都能協助我們開創新的局面。

4

察覺客戶的問題

　　在銷售到成交之前，客戶總是會提出許多問題，而這些問題都考驗著我們，我們也在一次又一次的提問當中，被磨練出能耐，甚至後來客戶才剛開口，我就知道接下來會想要提出什麼樣的問題了。這就是經驗的累積，也是敏感度的能力，「好處是讓你有時間思考用最好的方式回應客戶的問題」不至於匆匆忙忙亂回答一通，當然初期或許無法到達這個地步，但透過一次又一次失敗的經驗，就能夠訓練出來。

　　我的家族不算小，從小就有許多親戚會來家裡作

客，那時我就懂得看人臉色，更懂得看到長輩該如何問候、寒暄，長大之後，人與人之間的互動也不至於太羞澀。加上我以往經歷過的行業很多，接觸到很多形形色色的人，對於他們的反應，在他們還沒有開口之前，我總是可以捉摸三成。

直到我從事保險工作，天天邀約客戶見面時才知道從以前我就會察言觀色，從他們所發出的訊息，就知道大概他們的想法，直到我累積 1000 位客戶時，這一點就發揮到極致，跟人的互動相處自然，再加上快速接收、分析到對方的需求，就可以立刻做出判斷，給對方他所需要的切磋。

這種「敏感度」來自於你過去對人的感受是否有在意？從小家裡做生意的小孩，跟一般家庭中成長的小孩，反應是不一樣的，我們會說他耳濡目染，學習了大人的交際手腕，但這個小孩子夠不夠敏銳，也是重點。所以在保險上，在跟客戶的聊天互動中，我就可以知道他們欠缺的是什麼？甚至必須想得比他們想

的還要周全。因為有的客戶只覺得有問題，卻不知道問題在哪裡？有經驗的我們，就能夠有條理的釐清它們想說卻說不出來的問題，替他們表達出來，並解決當前的問題。這時候，客戶就會有種「你果然懂我」的滿意表情，日後對你更加倚賴

而客戶若有保險的問題，你必須要有敏感度引導客戶，才能接收到客戶所拋出來的訊息。而這些訊息，有時候可能客戶自己都沒有想到，而身為專業的保險人員必須要協助客戶了解狀況。這樣的能力即便有人先天就能夠擁有，但我相信，只要有心，你也可以挖掘到客戶的需要，進而提高成交的機率。成功與不成功，都要知道原因。

搞清楚客戶的問題

客戶之所以沒有成交，或是答應成交，是因為他不知道他為什麼要購買？真正需要的人，在明白保

險對於他的價值，是會依照自己的能力下去投保的。而業務員真正要講的，是這份保單對於客戶有什麼益處？好比對一個正值壯年，家庭又有老小的人來講，投保的原因是因為他們會想到，萬一自己真的出了什麼事，家人怎麼辦？而能夠解決這個客戶的問題，就是保險業務員的責任。

客戶有了車子，萬一哪一天出了交通意外，人員的醫藥費和車子的維修費怎麼辦？如果能夠解決客戶的這個問題，客戶就會投保。所以客戶之所以沒有成交，手上又缺乏這方面的保障，那問題出在哪？有的業務員很熱心，也知道自家公司的商品很好，當他坐下來開始說明的時候，往往一講就是二十分鐘、三十分鐘，把商品講解完畢，最後詢問客戶要不要購買？但客戶拒絕了。問題到底出在哪裡？出在你所提供的資訊，到底是不是客戶所需要？這就很像男女之間的感情，男生對女生有意思，女生對男生沒意思，男生不停的說我愛你，最後女生因為害怕就逃開了，因為

男生是站在自己的角度去看他們能否在一起？而不是從女生存疑的角度。所以一個好的業務員，不要只是一直講，要去聽對方的需求。

我們從另外一個有趣的車子成交例子來看，曾經有位賣車的業務員，遇到一名田僑仔客戶時，從他人口中業務員知道他「驚人的身世」後，知道買輛上千萬的車不過是他的零頭時，不同於他現在所擁有的兩輛千萬名車，一直介紹車子性能有多好，既高雅、又拉風，開車出去一定吸引一票人的目光。

他講了很久，看那名客戶對車子也很感興趣，但就是遲遲不點頭，到最後離開了。那名業務員感到相當的悶，他知道那名客戶手頭闊綽，買車絕對不是問題，但為什麼他介紹這麼久，都沒有辦法成交呢？

後來，業務員去問那位田僑仔的朋友，想探聽他，如果花錢不是問題，又喜歡為什麼不買車？那個人笑著回答：「不是他不買車，而是他現在的車庫已經放了兩台車，如果再買的話，一定會有其中一台

車注定要流落街頭，到外面日晒雨淋，這樣怎麼捨得呢？每一台愛車都是車主的心頭肉，如果沒辦法為它們找到一個好地方放車，他怎麼會下決心買車？」之後，那名業務員輾轉知道田僑仔的問題，動了腦筋，想了一下，他在那個人的家附近積極找到一個又大又方便的平面車位，那個人知道之後，就拿現金把車子定了下來。

我們可以發現，行銷過程都是問題，但什麼是問題？對於銷售車子的業務員性能、內裝、外型、品牌才是客戶的問題？都是，但有時候問題不是來自於商品本身，而不清楚的業務員一直在商品的優異打轉，最後當然是失敗收場。

想找出客戶的問題，並協助解決，就靠業務員的功力了。一個好的業務員，會懂得提問，讓對方提出他的需求，搞懂問題，並協助解決，成交自然不在話下。

談話間切入重點

當我和高端客戶討論保險價值時，由於他們的時間寶貴，除非他們表示自己剛好有時間閒聊，不然討論都是直接切入重點。對於他們，我十分清楚他們的需求，也知道如何在最短的時間內給予他們有效且合適的最佳答案。

有些業務員可能不擅長於和社會背景差異較大的客戶相處，甚至不知該如何吸引客戶注意，帶出保險話題。對此，我可以大方表示：不管是董事長還是老闆，每個人對於保險都有自己的需求，尤其像是一些高保額稅務單正符合這類客群的需求。有錢人不只會關心自己的錢財，還會替自己的財產尋找一處安全又保值的場所，而保險正是他們所尋找的工具之一。

我會站在對方的立場向他說明當前法令的稅率機制或是不動產相關稅負，以及哪一項保險工具針對資產轉移能合法且有效地降低他們所面對的課徵稅率。

當客戶感受到業務員的專業性與保險商品的實際效果後，自然會有成交的意願。這是一項值得花大量時間學習並練習的功課，甚至是保單成交與否的重要關鍵。如果你無法看見客戶的需求，提供適合他滿意的商品與答案，就難以獲得信任與成交意願。對於資產龐大的客戶，就要為他們規劃資產保全與傳承；對於正在打拼擁有家室的客戶，為他們規劃家庭的保障。同樣是保險，不同保險所保障的層面有所不同。多練習與不同的客戶討論他們的需求，點出他所需要的解決方案，並為他們做出最好的規劃，這便是我們的職責。

總結客戶的拒絕

客戶的問題多，我覺得這是好現象，因為有問題代表他有興趣，只是要有更好的動機下決心購買而已。就像去買東西時，對一件商品詢問價錢、挑三揀

四，都是因為這個商品已經挑起消費者的慾望，才會有這麼多的問題。不然早就掉頭離開了，因為喜歡又沒有「一定要」的理由才會有所留戀。

一一解決客戶的問題，客戶滿意了，沒有疑慮了，成交的機率自然大為提高。向客戶說明的過程中，最怕碰上那種重頭到尾都提不出問題的人。他的「沒有問題」並不是出自於對保險的了解，或是商品好到無可挑剔。這種「沒有問題」通常都是對方在敷衍你，最後找了個藉口拒絕，請你下次再來。然而，真的有「下次」這項機會嗎？

這對業務員來說，無疑又多了一項失敗的記錄。平常的業務員遇到這種狀況，可能轉身哀聲嘆氣，或是找人抱怨，樂觀的人，隔天下床便淡忘了挫折，悲觀的人可能就會沉浸在挫折當中，窩在棉被裡無力下床。

我們要有被討厭的勇氣，除了要自我調適，化解負面情緒之外，每當我遇到挫折不知所措時，我都會

這樣做，我覺得滿不錯的，想提出來分享給大家。

每個人都會遇到挫折，但每個人所遇到的挫折內容又不相同，當被拒絕低頭難過時，忽然抬頭，認真的問客戶一句話，把尷尬丟回去。

客戶先生我不知道我哪裡做錯了，如果可以你可不可以認真的告訴我「你反對的原因是什麼？是我？是商品？還是其它原因？請你一定要告訴我，我才好回去交代。」這不禁讓我思索起來，我們通常在被拒絕之後，總是會拍拍自己的肩膀，或是抬頭告訴自己，沒關係，失敗了，還有下一次機會，繼續找下一位客戶。

拒絕，讓我們有機會有不同的思考層面，但不管客戶拒絕的原因是什麼？在站起來離開前，一定要得到一個可以再回來拜訪的答案，如此，才能夠繼續往下走。

如果客戶說沒錢，好，那問題並不在你，是在客戶的身上，如果客戶推託，說是錢都在老婆那邊，那

也是客戶自己的原因，跟商品無關。如果客戶說問題在你身上，那我們就要改掉自己的缺點。當他想辦法拒絕你，提出很多問題，而你不斷的去解決，到最後，連客戶都會捨不得，因為他知道你這個人很用心，客戶就算沒有成交，也會認同你這個人。但是，身為業務員的我們，不能知道一種答案，而那個答案叫做——「不知道」。

業務員不是因為知道答案而無法成交，通常都是因為「不知道」。知道原因就能夠解決問題，不知道的話，就會失敗，而且是不明不白的失敗，這對保險業務員來說，最扼腕的一點。就像方才賣車的例子一樣，那名賣車子的業務如果一直沒有抓到重點，想不透客戶為什麼一直拒絕他？如果放棄找尋答案就無法有後面的成交。知道了原因，下一次，還能夠跟客戶做個開場。

總結客戶的拒絕問題，對於一個想要成功的業務員來說，是必需的功課。現在我們幾乎都可以知道

客戶拒絕的答案是什麼？透過這些答案，再去教導業務員怎麼協助客戶解決問題。等我們幫助業務員點破客戶的問題，這些業務員可能會覺得原來問題這麼簡單！當下為什麼沒發現？這是經驗的累積，因為這些經驗夠多，所以能夠成為他人的指導，而我們也是這麼走過來的。至於想要立即破解，除非你的臨場反應夠快，或已經很有經驗，否則還是會踢到鐵板回來。問題可以視為訊息，一個好的業務員，可以透過自身的敏感度，去挖掘客戶的問題，甚至是潛在問題，進而幫他們解決，才能夠成交。

後語

這一路走來，有太多的酸甜苦辣，箇中滋味，只有在通往這條路的人才能夠領略。剛開始做保險時，我只想找一個努力付出就能得到相同回報的工作，改善自己的生活。由於小時候家庭經濟狀況不佳，時常看見母親為了養家活口整天辛苦工作。在國中畢業後，我為了減輕母親的負擔，選擇了可以半工半讀的夜校。雖然求學途中打工的工廠的環境惡劣，但我依然想辦法維持自己的學校成績，希望能證明在貧困的家境下，自己也能「出人頭地」。

　　出了社會後，我為了能夠獨立自主做過許多工作。剛開始的我覺得自己只要能夠養活自己，然後還能定期拿出一點錢孝敬母親，就已經足夠了。在從事一陣子保險後，我發現自己的人生所擁有的並不只有工作和母親而已，人生當中還有很多寶貴的事物值得我們去珍惜、去探索，比如：家人、朋友、同仁與個人健康。到後來，我逐漸開始了解到生命的意義。

　　在從事保險業的過程中，我不僅向客戶銷售保險

商品，也為客戶提供許多的諮詢服務與關懷問候。我與客戶之間的關係也不再單單侷限於商業的交易，而是能夠無話不聊，甘苦與共的知心好友，這使我覺得自己的生命變得更加有意義。

透過保險服務，我感到心靈豐盈，我努力盡守自己的職務，扮演好自己人生的角色，無畏他人的異樣眼光。我知道，一個人再好也不可能獲得所有人的掌聲，有人羨慕你、討厭你，嫉妒你，甚至也有人起初會看不起你，而這一切都是我要接受，要懂得放下。我明白「世事豈能盡如人意，但求無愧我心」的道理，也知道自己不必要為了討好別人，而失去了自己的本性。

雖然我曾經遭遇過不少不愉快的事情，也離開自己曾經眷戀的環境，但我並沒有因為時勢的改變或是他人的言語而放棄自己的自尊，忘了一個人該堅持的原則。我努力盡好自己的本分，不去理會他人的閒語。只要能讓自己開心快樂地過每一天，有能力持續

幫助自己身邊所重視的人，這樣就夠了。

我一直覺得，如果想要把保險做好，一定要把人擺在「對」的地方，如果我所從事的職業與保險無關，那我可能就沒有今天的成就。不管是從民國83年至99年的連續十七年的百萬明星第一名，還是美國百萬圓桌俱樂部的認可，以及周遭給予我支持、鼓勵的客戶及朋友，這一切的發生都是因為我選擇了保險。甚至到現在能夠出書，對我來說，也像是場夢呢！

老鷹不需要鼓掌，也在飛翔；路邊的小草沒人理會也會默默成長；深山中的野花沒人欣賞也會吐露芬芳。

一起跟大家共勉之。

企管銷售 46

誰說行銷一定要推銷

- ·作者　　李春英
- ·主編　　彭寶彬
- ·美術設計　AJ

- ·發行人　彭寶彬
- ·出版者　誌成文化有限公司
　　　　　116 台北市木新路三段 232 巷 45 弄 3 號 1 樓
　　　　　電話：(02)2938-1078 傳真：(02)2937-8506
　　　　　台北富邦銀行 木柵分行（012）
　　　　　帳號：321-102-111142
　　　　　戶名：誌成文化有限公司

- ·總經銷　采舍國際有限公司 www.silkbook.com 新絲路網路書店

- ·出版 / 2021 年 2 月 初版一刷
- ·ISBN / 978-986-99302-2-2(平裝)　　　◎版權所有，翻印必究
- ·定價　新台幣 280 元

國家圖書館出版品預行編目 (CIP) 資料

誰說行銷一定要推銷 / 李春英著 . -- 初版 . --

臺北市：誌成文化有限公司，2021.01

204 面；14.8×21 公分 . -- (企管銷售；46)

ISBN 978-986-99302-2-2(平裝)

1. 保險行銷

563.7　　　　　　　　　　　　　　　　109022099